不就是个球吗

关于足坛大腕的那些事儿

汤蓬·著

中国友谊出版公司

推荐序一

知名歌手 张靓颖

四年一度的世界杯是所有人的大Party，无论男女老少、肤色国籍，每个人都不会想做Outman，集体投入到这个可以让你点燃激情、释放压力的运动中去，去追逐自己喜爱的球队，去迷恋绿茵场上的英雄，世界杯就是当下最in最时尚的话题。无论你是真球迷还是假球迷都没有关系，哪怕只是给自己找个借口，也可以在这个火一样的炙夏，体验快乐，大话足球，尽情享受这份随心所欲的自由！

推荐序二

青岛足球队前主教练　汤乐普

这个地球上，很少有像中国球迷这样“博爱”的——中国队早早就在世界杯预选赛折戟沉沙，但却不妨碍这些可爱的球迷到南非去挨个“认领”自己支持的队伍。不羁的阿根廷，华丽的西班牙，甚至是彪悍的科特迪瓦，在很多中国球迷看来，它们的号召力都远在自己的祖国球队之上。

对不起各位，在世界杯这个全世界球迷大狂欢的好日子里，提起中国足球实在是太煞风景，但为了烘托出中国球迷的可爱，国足确实是最好的垫脚石。

和中国球迷一样，没有中国队出现在南非，对于中国体育媒体来说绝不是什么灾难，甚至可以说是一件好事。用不着再去硬着头皮贴那些态度冷冰冰自以为大腕的中国球员的冰凉屁股，抱着享受世界杯、真实还原世界杯的愉悦心态，老记们的文字也许能让读者读起来更舒心，更顺滑一点儿。

事实上，在现今网络媒体严重冲击传统媒体的情况下，想让传统媒体的记者们把文字写得轻松顺滑，有不小难度。一方面，抱着严肃主流媒体的架子，谁也不愿轻易放下身段去PK网络文字；另一方面，报社出了这么多钱让你千里迢迢奔赴南非，怎能容许你写出来的文字是一部网络体小小说？

但足球毕竟只是一项运动，属于大众娱乐的范畴，充满着专业词汇、深入分析的专业文章固然精彩，但民间文字同样不可忽略。或许行文水准尚有待提高，但它们能让我们放下看球时的紧张情绪，还原给我们这些世界杯看客一份真实的娱乐心态。

《不就是个球吗》只是中国网络文学中有关于世界杯内容的一分子，但诚意尤佳。且不说它可以印刷成册，配以漫画，单是把这一百单八将和108位球星对号入座，作者就算无功劳也有苦劳。而且，因为有了高俅这位大球星的存在，《水浒传》也许是中国文学作品中和足球靠得最近的一部，它里面的人物，也最适合用来作为现代球星的对比对象。

我们没有必要为了马拉多纳拒绝萨内蒂而悲愤，没有必要质问邓加为何不喜欢小罗，我们也根本质问不了。一台电视，几瓶啤酒，一群哥们儿，这才是我们享受世界杯的必需品。当然，再嬉笑调侃一下小贝和林冲有哪些共同之处，梅西和阮小七谁更厉害，那这样的世界杯之夜，岂不是更完美更快乐？

推荐序三

专栏作家、情感专家　鱼顺顺

我曾经也是半夜起床看世界杯的主，还写过系列的球评，当然我的球评很不专业很女人，我主要是评哪个男人在场上最酷、哪个男人最像希腊神话里的悲剧人物……和汤蓬的这本书如出一家，都是八卦党的干活；不过汤蓬显然比我这个伪球迷专业多了，他能把全世界踢球的爷都用水浒里的一百单八将给挨个冠名了，就凭此，我也得说这厮爱球是发自肺腑的，不像我，只爱球星。在此，向所有喜欢侠士也喜欢球星的女人们推荐此书：这是一本水泊梁山的3D读本，很适合时髦的你阅读，括弧，读完就有资格和你男人套瓷了，括弧完。

鱼顺顺，自称某顺，自由撰稿人，电台主持人，央视半边天栏目情感点评专家。2004年开始博客生涯，并为多家纸媒撰写专栏，目前博客点击超过了5600万。她义务为迷惑于情缘姻缘而混沌不拔的求教者答疑解难，被网友尊为“知心姐姐”和“女菩萨”。

搜狐体育足球主编 营峰

水浒与世界杯，看似不会产生交汇的两条脉络，一条在宋代梁山泊穿山涉水，一条四年一个蛙跳弹跃在五大洲的钢筋水泥丛林。偏偏有人借古喻今，让中国古时绿林为当代足坛群星勾勒脸谱，于是这本《不就是个球吗》呱呱坠地。

两个将星云集的时代在不同的时间与空间中演绎着他们的故事，作者走笔穿越宋时山河与神秘南非之间，引导读者追忆豪侠风骨和当世足坛骄子。绿林与绿茵，不同的场景，一样的壮怀激烈、迭宕曲折。一本书正读水浒歪点球星，看水浒的人读它，这是一本天罡地煞们聚义的水浒人物志，看球星的人读它，这是一本南非之星的前世今生。

总说英雄相惜，本书将梁山好汉与足坛明星一一牵手，两类英才在各自的维度中不会狭路相逢也无法把酒言欢，是凭借作者的想象力将他们“捆绑”在一起，文字是一扣绳结，系铃的是他，解铃的是你。纵说谁与谁相似，其实谁也不是谁的轮回，每个人心里有他自己的准则，作者抛砖的目的在于将你引入南非世界杯的帷幕中。

这本书推出的时候，正值古代经典被名导们哄抢翻拍的高潮，除了推陈出新让新生代明星脸贴一副历史人物的面具外，导演们为自己的重复功打上了“解读”的标签。但任何一种解读都压制不了他人的想象。在最经济的条件下给读者或观众原生态的经典，并同时奉送一条通向个性思考的曲径，这应该是传承历史、创造新思维的良方。正是这一主旨，让本书对水浒桥段呈现得原汁原味，对球星复古又描绘得天马行空。无论怎样，《水浒传》是一本可以读很多遍的好书，球星与好汉是可以不断提及的谈资佐料，因此，这本纯到欢迎读者批评指正的书会帮你记住水浒，记住2010年的世界杯。

推荐序五

搜狐网首席足球记者　徐江

十年前的点球决战，我一脚踢飞点球，然后像罗伯特·巴乔一样怅然所失地望着球场，好在那场决赛我所在的球队笑到了最后。在那个极度享乐的胜利夜晚，我用一场大醉告别青春岁月。我曾经说，属于我的快乐结束了。

我的快乐跟足球有关，跟一个个足球明星有关。那是个背英文单词像喝苦药的年代，但我们却能如数家珍地念出每个球星的名字，能详细地描述每个球星的技术特点，甚至在哪一场比赛踢进了怎样的一个进球，也会记住那些球星的外号。

罗纳尔多为什么被称为"外星人"，罗马里奥的"独狼"有什么意义，罗伯特·巴乔为什么被称为"忧郁王子"？记住那些外号，也就记住了那些球星，更记住了那些球星的故事，这就是足球带给我的快乐。

《不就是个球吗》就是这样一本带给我快乐的书，确切地说，这本书让我重温曾经的足球记忆；足坛代有人才出，我的那些个足球故事已经成了追忆，现如今已经是卡卡、C罗、梅西的时代，他们应该有自己的外号，他们应该有自己的符号。

《不就是个球吗》就是这样一本书，作者让国际足坛的一个个球星们也玩起了一把时髦的"穿越"，穿越到水泊梁山，也来一次英雄大会，也扮演一回英雄聚义。拿到这本书，你是不是会很好奇，在这本书中，谁会是新版的宋江？谁会是新的武松？谁会是花和尚鲁智深？谁又会是那个开了黑店的母夜叉？

在世界杯之年，手捧这本奇妙的书，找寻足球带给我们的快乐。

目录 Contents

第一部分

巴西

贫民窟的百万富翁

第二部分

阿根廷

华丽的冒险

第三部分

英格兰

可惜不是你，陪我到最后

第四部分

意大利

梦醒时分，伊人已老

第五部分

西班牙

群星璀璨，斗志昂扬

第六部分

法国

谜一样的军团，与浪漫无关

第七部分

荷兰

无冕之王押宝夺命神锋

第八部分

葡萄牙

领袖遭遇色戒故事，叛将组球队脊梁

第九部分

德国

钢铁战车能否再续辉煌

第十部分

非洲

我一直有双隐形的翅膀

第十一部分

其他

告诉自己做得到，一切皆有可能

1 PART

巴西

贫民窟的百万富翁

名垂千史，独孤求败，用来形容桑巴军团来说再合适不过了，五星冠军巴西毫无争议地成为了本届杯赛夺标的最大热门。这届桑巴军团少了几分令人炫目的星光，多了一些贫民球队的烙印。即使如此，巴西队依然众星闪耀，猛将如云，仍然是夺冠的大热门。不同的是，巴西队一直刻意保持低调，像一个不露财的富翁。但是这片低调背后，暗藏着无限的杀机。一支更加攻守平衡的巴西队会让所有人从骨子里感到恐惧……

浪子燕青　卡卡

浪子是什么，我觉得能称之为浪子的必然有以下几个特点。第一亲情，表面是无忧无虑，但最让浪子牵肠挂肚的是家。第二友情，重义气，兄弟朋友一堆，活得潇洒自在。第三爱情，只是爱上了不该爱的人，所以才结交更多的女孩子。

燕青，排梁山三十六名天罡星最后一位，在梁山十名步军头领中排第六位。燕青是卢俊义的管家，从小死了父母，被卢俊义收养，吹箫唱曲样样能行，又射得一手好箭，有百步穿杨之功，人称“浪子燕青 ”。卢俊义被骗到梁山，管家李固平时就与卢俊义妻子贾氏有勾搭，见此机会就与贾氏做了夫妻，霸占了卢俊义的家财，将燕青逐出家门。卢俊义回家后，李固向大名府告卢俊义私通梁山，卢俊义被发配沙门岛。李固买通董超、薛霸，要他们在路途中杀了卢俊义。薛霸、董超正要动手，被燕青两箭射死，救卢俊义上了梁山。任原自称擎天柱在泰安州东岳庙摆擂台，两年未遇敌手，却被善于相扑的燕青打败。燕青吹得一口好箫，和李师师拜为姐弟，并面见皇帝，传递梁山消息，为宋江受招安立了大功。

在国际足坛，说到浪子，很多人会联想到C罗，要不就是陷入偷妻门事件的特里这类花心大萝卜。但是我不这么认为，浪子是风流而不下流，浪荡不羁只是表象，内心却忠诚无比，是君子的代表。所以我把浪子这个称号给了卡卡，这个皇马的巴西籍中场核心。

很多人会觉得有点无厘头，卡卡怎么就成浪子了？听我细细说来。翻开卡卡的履历表，倘若你一口气读完，估计你都能喘上好几口粗气，是啊，这名球星几乎赢得了一个球员所能赢得的一切荣耀。世界杯，欧洲杯，意甲冠军，欧洲超级杯冠军，还是2007年金球奖及世界足球先生的得主，被认为是当今世界足坛最为杰出的进攻型球员之一，亦被美国时代杂志选为2008年度100名最具影响力的人物之一。

浪子燕青虽然只是卢俊义的一名管家，但是武功却在梁山上毫不逊色于别人。放冷箭救主、擒中箭虎丁得孙、四柳村辅助李逵捉“鬼”、泰安智扑擎天柱、一招之间败高俅，一件件英雄事迹让燕少侠的英雄形象跃然纸上。而卡卡射术出色，尤其擅长右脚的劲射和巧射，精准的远射令对手胆寒。当卡卡在门前起脚时，你会被他的冷静所震慑。卡卡虽然是巴西球员，并且擅长盘带，但传球也是他的绝招之一，精准的直塞球往往成为球队获胜的关键。当然最让球迷痴迷的当然是卡卡的绝招——高速盘带，他的突破动作虽然不如罗比尼奥、小罗等人那般花哨，但是有种势不可挡的气势，大步冲刺不但很有杀伤力，而且极具观赏性。

“秀外慧中，人见人爱”是赞美年轻女性的形容词，引用在男性的身上，好像有点不伦不类。然而，阅遍整本《水浒传》，一百零八人中，能当之无愧这个称号的，非燕青小乙哥莫属！和燕青一样，卡卡同样是帅得可以，清秀的面庞，挺拔的身材，迷人的微笑，不知道迷倒了多少少女。

当然，浪子少不了佳人的陪伴，只有赛潘安的相貌和盖世的武功是不够的。燕青还有别的绝技，那就是擅长音律。益州古调，唱出绕梁声，可谓是“艺苑专精，风月丛中第一名。听鼓板喧云，笙声嘹亮，畅叙幽情”。这些描写都是形容燕少侠的。当然，这么完美的燕少侠，必然有位绝代佳人与之相配，那就是一代名妓——李师师。

唐代大诗人白居易的《长恨歌》描写了杨贵妃：天生丽质难自弃，一朝选在君王侧，回眸一笑百媚生，六宫粉黛无颜色。杨玉环能让六宫粉黛无颜色，而李师师能让宋徽宗专设密道去与她相会，可见她也是倾国倾城的。但是这位绝代佳人李师师却对这个英俊聪明、能歌善舞的小乙哥产生难得的真情。这段故事和梁山伯与祝英台一样感人，完全可以超越罗密欧与朱丽叶。央视水浒中，李师师和燕青有情人终成眷属，每次看到此情此景，我感动不已。再看看卡卡，虽然他是几乎所有女性心目中的完美男人，但他却是绯闻绝缘体。因为他有个自己的李师师——卡罗琳。

卡卡19岁时就与卡罗琳相遇，那年卡罗琳年仅13岁，从此，一段童话般的爱情上演了，他们的低调让人感动。卡卡和卡罗琳都是传统家庭的孩子，把爱情看得非常神圣。尤其难能可贵的是，他们竟然都把自己的第一次留在了婚后。这段感情是这样的让人感动，天地为之而改色，日月为之而动容。卡卡是一个完美的男人，也真的如他所愿，拥有了一个完美的婚姻。

上古传说有一种神鸟，叫摩云金翅，即传说中的迦楼罗。此鸟身材高大，头顶一颗如意珠似的肉瘤。最可怕的是此鸟竟以龙为食，可见其威力。水浒中的欧鹏身材高大，快步如飞，有一身好武艺，暗器一流，故人称“摩云金翅”。

欧鹏和很多梁山好汉一样，都是军班子弟，也是得罪了恶官，被迫落草为寇。而后投奔梁山，做了梁山马军小彪将兼远探出哨头领第九名。当今国际足坛也有位巨星，和欧鹏那真是一个模子刻出来的一样，他就是国际米兰的巴西国门朱里奥·塞萨尔。

塞萨尔，出道于巴西豪门费拉门戈，后自由加盟意大利豪门国际米兰。蓝衫军团一向盛产优秀门将，佐夫、布冯等人都是当时的最佳门将。塞萨尔凭借自己稳定的发挥，夺去了托尔多的主力门将位置，成为了时任国米主教练曼奇尼的宠儿，并一直把持着主力位置。很多专家表示，塞萨尔的水平已经接近甚至超越了布冯。

在巴西队，塞萨尔也上演了后来居上的好戏，2004年美洲杯是他在国家队的成名作，决赛中互射点球时，他多次扑出阿根廷队的点球，使巴西反败为胜赢得了冠军。2006年世界杯，塞萨尔因为各种原因只能以替补身份看着球队被法国队淘汰，而今年塞萨尔将是当仁不让的桑巴军团的主力门将。

胡里奥·塞萨尔作为门将不但防守功夫一流，脚下功夫尤其是长传球也是炉火纯青。他身高187厘米，体格强壮，成为对方进攻球员一道不可逾越的壁垒。与欧鹏一样，塞萨尔经常上演如大鹏展翅一般的飞身扑救，真好似摩云金翅来到了足球场。

金无足赤，人无完人。和欧鹏一样，塞萨尔也有软肋。欧鹏在打祝家庄时，作为探庄者，因为比较谨慎，未能深入，最后没探出个究竟。塞萨尔有时也犯死守大门、不敢及时出击化解险情的毛病。

当然，塞萨尔总体来说还是位公认的世界最佳门将之一，他是球队的关键先生，屡屡救球队于危难时刻，09/10赛季上演的米兰德比第二回合中，塞萨尔的升华发生在第92分钟，当塞萨尔扑出小罗罚出的点球，梅阿查球场数万球迷齐声高呼塞萨尔，这是蓝黑门将历史上所能得到的最高礼遇！那一刻，所有国米球迷的心中只有一个名字：塞萨尔！全场比赛，除了小罗这记点球，还有安布罗西尼的劲射、博列洛的抢点、终场前亨特拉尔的小角度抽射，无一例外被塞萨尔高扑低挡化解。可以说，本场比赛他就是国米的守护神。这点欧鹏也做过，晁盖率军攻打曾头市，中箭负重伤，别的头目只顾逃生，唯有他能单枪匹马带出了一千几百名小卒。

如果塞萨尔能好好看看《水浒传》，一定会被欧鹏的身手所吸引，并感叹：此君要能来到当世，我一定要好好向他讨教轻功，能有欧鹏的一半水平，那我就可以由世界最佳门将之一变成真正的世界第一了。

小李广花荣　小儒尼尼奥

在冷兵器时代有种武器是所有英雄都畏惧的——箭。水浒中的晁盖晁天王就是被史文恭毒箭射中不治而亡的。水浒中有一位使弓箭的翘楚——小李广花荣，梁山泊英雄中排行第九。花荣原是清风寨副知寨，使一杆长枪，箭法高超，有百步穿杨的功夫。清风寨正知寨刘高陷害宋江，花荣得知后造反，大战黄信、秦明，救了宋江。花荣多次用箭法建立奇功。宋江三打祝家庄，花荣射落祝家庄的指挥灯，使祝家庄兵马自乱。受招安后，花荣被封应天府兵马统制。宋江被毒死后，花荣到楚州看视，和吴用一起上吊死在宋江、李逵墓前。

足球场上也有一种武器，和箭一样，四两拨千斤，力挽狂澜，那就是任意球。当今足坛的任意球高手可谓不胜枚举，老一辈的米哈伊洛维奇和卡洛斯，贝克汉姆的圆月弯刀，新生代的C罗也是当仁不让。但是与小李广一样发挥稳定、弹无虚发的却要数前里昂中场小儒尼尼奥。很多人都表示，小儒尼尼奥的任意球七个门将都守不住。披上里昂球衣的第八个年头，儒尼尼奥进了97球，对于一位中场球员而言，这是一个了不起的数字，更了不起的是，这97球中，有56个是定位球，而他在欧冠赛场上攻入的17球就有13个定位球。连世界足球先生梅西都不得不惊叹："儒尼尼奥是这个世界上的定位球第一高手！"

除了任意球功夫了得之外，小儒尼尼奥和花荣的很多地方都是惊人的相似。首先花荣的外号就是小李广，与那个飞将军相比，花荣无论从名气还是战功都逊色不少。而小儒尼尼奥更惨，提小儒尼尼奥不能不提大儒尼尼奥，此君乃巴西名将，参加了韩日世界杯，并夺得冠军，可谓功成名就。而小儒尼尼奥报国无门，空有世界第一的绝技无处施展，成为他终生的遗憾，让无数人感叹：巴西队真是耽误人才啊！

花荣最后自刎而亡，而小儒尼尼奥几乎没有希望踏上南非的征途。这两位英雄若能超越时空，对饮一番，一定会有一番感慨：造化弄人啊！老天既然给了我们如此的绝技，怎么就无处施展呢？

急先锋索超 卢西奥

武将一般都脾气很暴躁，显得有点儿有勇无谋。急先锋索超，梁山第十九条好汉。索超原是大名府梁中书手下的正牌军。杨志杀了牛二被发配到大名府后，梁中书叫副牌军周谨和杨志比武，杨志打败周谨，气坏了周谨的师父索超。索超挥动大斧和杨志大战五十几个回合不分胜负。梁中书便将索超、杨志同时升做提辖。梁山人马攻打大名府救卢俊义、石秀，梁中书命索超、李成为先锋出战，索超被骗进陷坑，杨志劝他归顺了梁山泊。宋江攻打杭州城，索超和南军元帅石宝交战时，被石宝一锤打落马下，死于非命。

后人给他的评价是：索超，为人性急，凡事只肯争先，不让他人，故称急先锋。索超凡事争先的特征与当今世界足坛的一位巨星很像，他就是国米的巴西籍中卫卢西奥。此君球技那是没得说，2002年世界杯冠军就是他实力的最好证明。他的速度、头球、抢截技术都不错，是世界最佳中卫之一。但是，此君和索超有一个超像的地方就是凡事过于争先。卢西奥给人最深的印象往往不是漂亮的防守，而是经常带球长途奔袭，跟卡卡一样，都是大步趟球，看上去不稳当，其实要断他的球也并非易事。

卢西奥的助攻往往能在球队打不开局面的时候起到奇兵的作用，但这也是一把双刃剑，很多时候对手会利用他助攻留下的空当打反击。卢西奥的防守很凶悍，经常因此吃到红黄牌，影响球队的成绩。2002年世界杯巴西对阵英格兰时，卢西奥就因为助攻过于积极，被欧文偷袭得手，幸亏后来球队晋级成功，否则卢西奥就会成为球队输球的罪人了。

当然，卢西奥与索超相比，有时还多了一份冷静。2002年世界杯决赛，就是卢西奥变得冷静成熟的标志性比赛。那场比赛，我们看到的是一个冷静、克制的卢西奥，防守密不透风，把德国战车的一次次进攻都化解于无形中。那场比赛结束后，卢西奥长跪不起，仰天长叹。此情此景，若是索超能看到卢西奥的比赛，一定也会感慨：原来冷静如此重要！

船火儿张横　邓加

宋代除了舵手，其余的船工全都叫船火儿，“船火儿”又作“船伙儿”，就是船上的伙计。水浒传中的张横就是因此得名，排梁山好汉第二十八位，是梁山水军八寨第二头领。张横本是浔阳江上的好汉，专干船上劫财的勾当。宋江被发配江州，浔阳江上因被穆弘兄弟所追，逃上张横的船，没想到误上贼船，险些被张横害死，幸亏混江龙李俊相救。张横认识了宋江等一批好汉，与弟弟张顺投靠了梁山，随梁山义军四方征战，在水中大显英雄本色。后同弟弟张顺一起，驻守梁山西南水寨。征讨方腊时，张横在途中病故。

张横的名气不大，他在水浒中最大的一件事就是险些要了宋江的命。细细想来，有个人也是当今世界足坛举足轻重的人物，而且刚好差点儿要了老马率领的阿根廷队的命，他就是巴西队主帅邓加。

邓加，老球迷对这位巴西队前队长应该不陌生，1994年这个铁腕队长和罗马里奥一起带领巴西夺冠，让巴西队时隔24年重夺世界杯冠军。1998年，罗纳尔多正如日中天，但邓队长的位置岿然不动。退役后，没有什么执教资历的邓加出人意外地成为桑巴军团的主帅，虽然各方媒体对他不是很看好，但是他的战绩证明了自己的优秀。

在2010南非世界杯南美区预选赛第15轮焦点之战中，阿根廷队1∶3不敌巴西队，差点让梅西、伊瓜因等巨星无缘世界杯。幸好探戈军团破釜沉舟，越战越勇，终于赶上了去南非的末班车。

机缘巧合，邓加某日正在四处巡游，正好四处观察一下各大联赛的巴西球员表现，一日正在睡梦中，突然梦见怎么来了宋朝，遇见了张横，心头一惊，这小子差点让水浒写不下去啊？转念一想，我也差点把阿根廷搞死，让南非世界杯失色不少……

紫髯伯皇甫端　扎加洛

幕后后勤工作是很多人不愿意干的，诚然，看不到功绩，既不能留名也没有实惠可得，谁愿意干呢？但是后勤工作是必不可少的，没有那些在幕后默默无闻贡献的人就不会有台上的精彩。水浒中的地兽星紫髯伯皇甫端就是这样一位幕后英雄。此君的职业是一名兽医，享誉东昌府。宋江率领梁山众好汉攻下东昌府，收了皇甫端。此君医道高明，诊治马病，手到病除。他上梁山后，骑兵更加强大，是位难得的后勤保障高手。因为他的贡献极大，被授予梁山第五十七条好汉。

当今世界足坛也有这么一位幕后英雄，而且他所取得的成就更大，更加令人敬佩，他就是巴西的教父级主帅扎加洛。贝利作为球员获得过三次世界杯，被誉为20世纪最伟大的足球运动员。扎加洛也用另一种方式实现了伟大成就，在1958年和1962年作为球员赢得世界杯冠军，1970年又作为主教练赢得世界杯，1994年还作为助理教练再次捧起大力神杯，他是世界杯历史上获得冠军次数最多的人。

无论作为球员还是主帅，扎加洛都是伟大的。球员时代的扎加洛意气风发，和小鸟加林查一道组成了巴西队的双翼。而作为主帅，扎加洛可谓桃李满天下，徒弟个个都是世界足球先生级别的。贝利，罗马里奥，罗纳尔多，罗纳尔迪尼奥，哪一个不是声名显赫、让世界为之顶礼膜拜的超级巨星？

1998年世界杯1/4决赛，巴西通过残酷的点球大战战胜荷兰后，老帅扎加洛缓缓摘下眼镜，满头银发飘荡，双眼噙着泪水，这幕场景非常感人。一个真正为世界杯而生的人，值得我们永远尊敬。

天下无不散之宴席，德国世界杯后，扎加洛彻底离开了巴西队，甚至没有欢送会。这就是竞技体育的残酷，都有离开的那一天。

矮脚虎王英　罗纳尔多

水浒中的英雄好汉大多是正面形象，侠肝义胆，嫉恶如仇，都是人中之杰。但有一位大家都耳熟能详的好汉却和这些光辉形象完全不沾边，他就是地微星矮脚虎王英。王英，两淮人士，原是一名长途贩运的脚夫，后因贪财被官府通缉，无奈流落到清风山一带，遇见了他生命中的贵人——锦毛鼠燕顺，遂成为寨主之一。而后又随众英雄入伙梁山，混迹于英雄之中，落了个好名声。

说到王英，众人的评价都是贪财好色之徒，尤其是好色，更加为世人所不容。为了色，他不惜牺牲名声。古代的绿林好汉，都称这种劫色的人为淫贼。王英截获了清风寨的刘夫人，立刻淫欲大发。宋江顾及此女夫君是花荣的顶头上司，强行拦下。更让人不齿的是，事后刘太太恩将仇报，要置花荣于死地，众兄弟破了清风寨，再次抓获刘太太。王英想到的不是惩治恶妇，而是抓住此女去发泄淫欲。当时燕顺要一刀杀了这个恶妇，王英竟要和他动手。为了女色，不惜和兄弟动武，真可谓极品，可杀不可留。

王英的故事让人看了为众多排名在他后面的英雄好汉鸣不平，此君有什么的啊，不就是裙带关系，仗着和宋江关系好吗？没辙，这种事情古来就有，现在也不少见。当今世界足坛也有位球星，也和王英一样，英雄难过美人关。他就是前巴西队主力前锋，绰号外星人的罗纳尔多。

很多人看了这个名字，肯定第一反应是完全不像。王英武功平庸，三个回合就被他老婆生擒，罗纳尔多是什么人物？先不说两夺世界杯和十五粒世界杯进球（暂排历史第一），更不用说数次获得世界足球先生和欧洲足球先生，就是当年在巴萨那记连过7人的经典进球，也是这个矮脚虎一辈子都不可想象的。这两个人怎么能联系到一起呢？但我要说，首先这都是过去时了，大罗，或者说肥罗，已经真的不行了，老的不仅是身体，还有一颗重新奋起的决心。

2000年4月12日，苦等了144天的痴心球迷终于看到罗纳尔多重返赛场，但刚一上场不久就髌骨肌腱断裂，没有人放弃他，所有人都在等他回来。后来，他真的回来了，并在2002年世界杯再次达到了职业生涯的巅峰。但现在，恐怕再喜欢肥罗的痴心球迷也不会相信奇迹会发生了，因为在不久前，肥罗正式宣布将在2011年12月31日退役，结束传奇的一生。

与罗纳尔多一次次精彩的进球相比，还有一点更加让人津津乐道的，那就是他不断变换的女友，从苏珊娜到米兰妮，再到丹丽泽·利马，再到茜卡蕾莉，真是数也数不清。但是这么多美女谁也没有真正拴住肥罗的心，而他也在一次次猎艳中，失去了球场的神奇。肥罗负面消息越来越多，他逐渐由一名天皇巨星变成了花边大王。

肥罗的坠落，我个人认为和王英一样，都是本性的问题，骨子里缺乏一种自律精神。王英的一生很顺利，常遇见贵人，燕顺帮他当了寨主，宋江送他位列英雄榜，还把漂亮而且武艺高强的扈三娘强行嫁给了他。罗纳尔多也一样，拥有让人嫉妒的天赋和灿烂的职业生涯，他的伟大几乎不可超越。但是，作为一直看着他踢球长大的孩子们，我们只能吹毛求疵，对他这样高标准严要求。

现在的罗纳尔多在人们心目中，也就是个王英之辈的水平。南非世界杯肯定再也看不见他的身影了，他注定只能留在记忆之中。

一丈青扈三娘　米兰妮

古代的时候女子的地位很低，花木兰纵有万般武艺，也只有女扮男装才能建功立业。女子上战场必有她出众的能力，水浒中有不少女将，当中排行第一的就是地慧星一丈青扈三娘。扈三娘美貌英武，在几乎全是男性的水浒众英雄中显得那样的光彩夺目，那句“霜刀把雄兵乱砍，玉纤将猛将生拿”，将扈三娘的英气逼人描写得淋漓尽致，入木三分。

扈三娘是女中豪杰，让人敬佩，但是笔者认为她受到了极不公平的待遇。首先说排位，明显是歧视女性。扈三娘一把日月双刀耍得神出鬼没，更有绳套捉人的绝技，被她活捉的大将数量在梁山上排行第一。这些手下败将，有郝思文，第41位，领先她16位。彭玘，第43位，也高她14位。这是什么排法？更让人为她鸣不平的是，这样一位绝代佳人，竟嫁给了无才无德无貌无品的矮脚虎王英。

在男性当道的现代足坛，也有着这么一位强力女球星，她就是罗纳尔多的前妻——米兰妮·多明戈斯。在巴西流传着这么一句话——米兰妮就是穿着性感短裙的小贝。能和万人迷贝克汉姆相提并论，可见此女的风姿绰绰和仪态万千。

米兰妮在足坛的地位并不是沾她前夫的光，她本身就是一名职业球员。在17岁那年，她创造了一项世界纪录，连续颠球9小时6分钟，总共55187下，期间吃饭饮水时，她便将球停在后颈处。她与扈三娘一样，本身就有杰出的才能，但是人们提到她们总要加上个前缀——罗纳尔多的妻子、王夫人。

当然，相比封建社会，米兰妮是幸运的。嫁给罗纳尔多后，米美人本可以过着饭来张口、衣来伸手的惬意生活，但是和扈三娘一样，米兰妮从没有忘记足球场才是她真正的舞台，不愿意做罗纳尔多背后的女人。

2002年3月，米兰妮出现在了意大利蒙扎女足的训练场，一千多人疯狂地涌入了这座小球场，“他们殷切的眼神就像从来没有见过女人踢球一样”。米兰妮是球场的精灵，是一朵盛开在男人海洋中的艺术奇葩，她曾因为入选巴西女足而受到众人的指责，这也是她人生的最大悲剧。

米兰妮和扈三娘都没有错，她们错就错在嫁了一个不合适的男人。两位美女要是哪天能一起好好聊聊，必然有同病相怜的感觉。扈三娘想起好色而不解真情的丈夫，不由潸然泪下，此时米兰妮肯定会安慰她：“好姐姐，我们女人要坚强，我们不比他们差，你看我，现在离婚了，照样活得很好，我2005年还作为马德里形象大使为城市申奥尽了自己的一份力。记住，女人要自强，才能活得精彩！”

铁笛仙马麟　罗比尼奥

水浒中通晓音律的好汉有好几个，小乙哥浪子燕青弹得一首好曲子，连倾国倾城的李师师都为他着迷，但是要说水浒中以音律成名的还得是地明星铁笛仙马麟。此君早先同欧鹏、蒋敬、陶宗旺在黄门山落草为寇。梁山人马劫法场，在江州城救了宋江、戴宗后，四人率山寨人马归顺了梁山泊。

马麟使一对短刀，刀法精熟，水浒传中写他和扈三娘交战的场面：四把短刀上下飞舞，好像风飘玉屑、雪散琼花。可见他的武艺之精湛。当今世界足坛也有位巨星和马麟一样，把足球玩成了一种艺术——带球过人如穿花蝴蝶，假动作多得让你目不暇接。他就是现效力于巴西联赛桑托斯俱乐部的巴西巨星罗比尼奥。

罗比尼奥，曾经的单车少年，2002年在桑托斯与科林蒂安的决赛中，罗比尼奥在前场踩了八脚单车，晃过对方中卫之后杀入禁区被绊倒，为桑托斯制造了致胜的点球。小罗比也借此赢得了“单车少年”和“新贝利”的绰号。

现在的巴西国家队，罗比尼奥和卡卡、法比亚诺构成了进攻三叉戟。罗比尼奥和卡卡的速度、技术及快速反击能力，成为了巴西队进攻的最大法宝。罗比尼奥深得桑巴足球细腻唯美的神韵，步伐轻灵飘逸，仿佛他不是在踢球，而是在表演舞蹈。

2005年，名扬天下的罗比尼奥转会银河战舰皇家马德里，并成为核心球员。在皇马的几年，他从一位天才少年逐渐成长为国际巨星。2008年，在曼城富可敌国的后台老板阿比扎纳的金元攻势之下，罗比尼奥转会英超曼城，将桑巴足球带到了英超，但是身体略显单薄的小罗比，显然没有完全适应英超的风格，又回到了自己的成名之地——足球王国巴西。

罗比尼奥的足球生涯充满了争议，有人认为他技术出众，是天才巨星；也有人嫌他踢球太独，没有团队意识，就和马麟一样，虽然打得热闹好看，但是没立过大功。两位若有机会，超越时空来个对话，马麟必然能给小罗比一点中肯的建议：兄弟，咱们要赢球，要多重视效果，光是花哨是没有用的，这世道人们都很现实，要的是结果导向。

铁叫子乐和 罗纳尔迪尼奥

在音律方面，梁山泊还有位好汉是高手中的高手，他就是地乐星铁叫子乐和，此君原是登州城里看守监狱的小牢子，祖籍茅州人氏。自幼聪明伶俐，各种乐曲，一学便会，又有一副好嗓音，人称“铁叫子乐和”。

乐和凭借姐夫孙立的势力，在牢房营混了个差事，解珍、解宝兄弟被毛太公陷害，打入登州城牢里，乐和联系孙立、孙新、顾大嫂等打破牢笼，救了解家兄弟，一同上了梁山，做了军中走报机密步军头领第一员。

当今世界足坛也有位巨星，也对音乐是情有独钟，而且还真不是简简单单地玩票，他就是前世界足球先生，现AC米兰巴西巨星罗纳尔迪尼奥，也被称为小罗。

小罗，一个曾经震撼世界足坛的名字，一个曾经的天王巨星。小罗出道于巴西格雷米奥队，第一次让世界为之倾倒是2002年韩日世界杯上对阵英格兰队，一次漂亮的突破助攻里瓦尔多打进扳平一球。随后他又罚出了一脚弧线怪异的任意球，戏耍了对方门将希曼。之后，小罗成了欧洲顶级豪门最炙手可热的引援目标。

之后的几年，世界足坛成了小罗表演的舞台，尤其是转会巴萨后，小罗获得了一名球员在俱乐部所能获得的一切荣誉。在05/06赛季的西甲联赛第12轮的比赛中，小罗率领巴萨客场3：0完胜皇马，小罗的技术与两个世界级进球甚至引来了伯纳乌球迷的掌声。

罗纳尔迪尼奥能将视野、妙传和具有欺骗性的带球突破以及各种方式的射门在比赛中完美结合。而且，他几乎在任何比赛中都面带微笑作战，轻松的生活态度也同时感染着巴萨队友，他们总能在轻松的氛围下战胜对手。

花无百日红，人无百日好。最近几年小罗开始走下坡路，在球场上很难有精彩表演，人们听到他的消息，也更多的是负面新闻或者绯闻。而小罗同学也有点儿自暴自弃的意思，缺席训练，消极比赛。

前段时间，小罗终于有了一条不算负面的新闻，他要出专辑了。对于曾经的世界足坛第一人来说，不知道是讽刺还是赞扬。在世界杯赛场上，小罗的表现总显得差那么一点儿，2002年时跟着大罗、里瓦尔多混的金杯，2006年又被亨利绝杀，而2010年世界杯，他都进入不了23人名单。

很多人觉得小罗的音乐天赋不错，能否和乐和比不好说，但是我相信大家还是更愿意看到那个无所不能的小罗，而不是玩音乐的小罗。桑巴球迷都期待小罗的重生，那才是球迷的福分。

云里金刚宋万　吉尔伯托·席尔瓦

一个组织成立的时间长了，就会有很多元老级的人物，这些人可能本事一般，但是地位稳固。地魔星云里金刚宋万就是这样的人。此君是梁山泊的元老，因长得高大威猛，所以人称“云里金刚”。宋万早先和王伦、杜迁占梁山为王，武艺平常。王伦被林冲杀后，宋万仍留在梁山，被封为步军将校第十名。

宋万是典型的吃老本的人，靠着资历高混得还不错。当今世界足坛也有一位球星有吃老本的嫌疑，他就是现效力于希腊帕纳辛纳科斯俱乐部的巴西后腰吉尔伯托·席尔瓦。

吉尔伯托·席尔瓦出生在巴西的一个小镇，家境贫寒，为了补贴家用，他曾经当过木匠。1997年，他和当地的米内罗美洲俱乐部签约，成为一名职业球员。后来，吉尔伯托转会米内罗竞技，遇见了前任巴西国家队主教练佩雷拉。在教练的建议下，他的位置从后卫前移到了后腰，而这也是其日后成名的关键改变。

2001年由于表现出色，吉尔伯托被斯科拉里招至队中，开始了国家队生涯。2002年世界杯，本来顶多是个替补的吉尔伯托，却因为名将埃莫森在最后一堂训练课中客串门将扑救皮球时受伤，以主力后腰的身份参加了巴西在世界杯的中所有比赛，并最终在决赛中2：0击败德国队夺冠。吉尔伯托·席尔瓦也被视为本届世界杯中表现最好的中场球员之一。

此后几年，吉尔伯托·席尔瓦登陆欧洲，在枪手取得了非凡的成就，并当上了球队队长。南非世界杯，喜欢用老将的邓加果然将其招入麾下，毕竟，席尔瓦曾经是世界上最好的后腰。

南非世界杯是一场艰苦卓绝的战役，希望桑巴军团能取得好成绩，也希望像吉尔伯托·席尔瓦这样的老将能老当益壮，有出色的表现。

金钱豹子汤隆　贝利

梁山泊中除了武林高手，有善于操持衣食住行等琐事的好汉，也有专门打造武器的工程师，地孤星金钱豹子汤隆就是优秀的制造专家。

汤隆出身于军器制造世家，因为经常与打铁时溅起的火花亲密接触，搞得满身伤疤，所以人称“金钱豹子”。呼延灼用连环马打败了梁山人马，汤隆献计说徐宁会用钩镰枪法破连环马。吴用派汤隆、时迁到东京盗了徐宁的宝甲赛唐猊。徐宁是汤隆的表兄，中计上了梁山。汤隆打造钩镰枪，徐宁教练枪法，双剑合璧，大破连环马。

汤隆痴迷军器，但是也没见他有过什么特别的发明，而且他连累了亲戚徐宁放弃安逸的生活，被逼上梁山。每次汤隆提到徐宁，徐宁就准要倒霉，可真是乌鸦嘴。当今足坛有位更厉害的乌鸦嘴，那就是巴西的传奇巨星贝利。

贝利，公认的20世纪最伟大的运动员之一，被喜爱他的人尊称为“球王”。在足球生涯中，贝利共攻进1281个球，四次代表国家队出战世界杯，三次捧得世界杯。1980年，贝利被欧美20多家报社记者评为20世纪最杰出的运动员之首。1987年6月，他被授予国际足联金质勋章，1999 年被国际奥运委员会（IOC）选举为“世纪运动员”。

当然，这些都是他当球员时获得的荣誉。最近几十年，每到世界杯，贝球王都有一个新任务，就是负责制造一种武器，这种武器的名字叫做诅咒。他老人家看好谁，那谁就要倒霉。1998年，他看好西班牙，结果小组未出线；2002

年，他看好阿根廷，结果小组赛就打道回府；2006年，他又看好葡萄牙，但也没有走多远。以至于每次巴西队出征，都提前和他打好招呼，千万别发表看好巴西队的言论。而贝利，也在一次次的诅咒言论发表中，被媒体骂得体无完肤，真是金钱豹子汤隆再世啊！

南非世界杯，球王还要前去看球，这位大嘴巴还是可能诅咒掉一支球队。这支倒霉的球队是谁呢？我们拭目以待。

母大虫顾大嫂　玛塔

很多人都说水浒是纯爷们戏，没错，一百零八位好汉，只有三位女性，其中人物性格描写最饱满的非地阴星母大虫顾大嫂莫属。她本是在登州城东门外开酒店，是解珍、解宝的亲戚，他二人被毛太公陷害后，顾大嫂请来邹润叔侄和丈夫孙新、夫兄孙立等劫了大牢。顾大嫂又以孙立女眷的身份打入祝家庄内，和梁山其他好汉一起，里应外合攻破了祝家庄。

顾大嫂没有扈三娘的美貌绝伦，没有孙二娘那般狠辣，但她有高超的武艺。她丈夫小尉迟孙新，武艺本来不低，但书中却说武艺还不如顾大嫂。在当今女子足坛，实力能和男足明星对抗的非巴西女足天王玛塔莫属。

如果说米兰达是穿着裙子的贝克汉姆，那玛塔就是穿着裙子的贝利。她曾受邀在巴西著名的马拉卡纳球场名人堂内留下自己的脚印，成为有史以来第一位获此殊荣的女性球员，真正做到了与贝利、罗马里奥、罗纳尔多和罗纳尔迪尼奥等巨星同列。

玛塔是历史上唯一一位连续四年当选“世界足球小姐”的球员。在2007年的女足世界杯上，年纪轻轻的玛塔成为最耀眼的明星，尤其在对阵前世界女子足坛霸主美国队的比赛中，她的表演完全可以用惊天地泣鬼神来形容。玛塔先在左路用了齐达内式的马塞回旋，脚底拉球漂亮地甩过了美国队防守队员。就在球迷的惊叹声尚未停歇时，玛塔又在左路使用了当年博格坎普摆脱希腊后卫达比萨斯的芭蕾般绝妙动作。虽然方向和冰王子的完全相反，但效果却更加突出，玛塔左脚外脚背把球挑到左侧，同时闪身从右侧而过。当时，她和冰王子一样酷，看都没看这个倒霉的美国后卫一眼！随后，玛塔拉开角度，晃过一名后卫怒射。球进了，全场的气氛已经沸腾到不行。

玛塔的伟大在于她让女足的竞技水平和观赏水平提升了到一个前所未有的高度，她是真正的大明星，就和顾大嫂一样——一个在水浒中真正有话语权的女人。顾大嫂在解救解珍、解宝时，孙立犹豫着自己的前途，顾大嫂立刻要和孙立拼命，孙立只好对她言听计从。顾大嫂还是个标准的野蛮女友，时不时还会教训一下自己的丈夫孙新。

玛塔今年世界杯将会作为特邀嘉宾前往观看，没准会遇见德科、佩佩两位巴西叛将。到时候，两位平时不可一世的球星，估计见了玛塔，都会感到很敬畏，因为，她才是真正的英雄。

2 PART 阿根廷

华丽的冒险

探戈军团拥有这个世界上最让人羡慕的华丽锋线，梅西，伊瓜因，迭戈·米利托，每一位都是最华丽的锋线杀手，每一位都是防守球员的噩梦，每一位都能让球迷感到热血沸腾。但是他们有一个最不稳定的因素，那就是他们的主帅马拉多纳，他会不会像宋江一样，带着梁山众英雄走向一条不归路？南非之旅，也许注定是一场华丽的冒险。

活阎罗阮小七　梅西

自古英雄出少年，周公瑾年少统领东吴水军，取得赤壁之战的完胜；诸葛孔明出道时青春年少，但是几乎以一己之力三分天下。在梁山好汉阮氏三雄中，阮小七年岁最小，但是出彩最多。阮小七，绰号“活阎罗”，是梁山英雄中第三十一条好汉，梁山水军八员头领第六位。阮小七跟随两个哥哥行走江湖，干下了许多惊天动地的大事。在黄泥冈和晁盖等用药酒麻倒青面兽杨志，劫了生辰纲；浔阳江上救宋江，打败官军；梁山泊里驾舟踏浪，先击败何涛，再打败高俅。水中的功夫出神入化，令梁山好汉刮目相看。他与童猛一起驻守梁山泊西北水寨。受招安后，阮小七被封为盖天军都统制，未及数月，因穿着龙袍戏耍被剥夺官职，贬成平民。后来，阮小七和老母亲回梁山泊石碣村打鱼去了，六十寿终。

阮小七价值观很单一，甚至有些天真烂漫：“这一腔热血，只卖与识货的，但凡有识得，水里水里来，火里火里去！”几句话把小七君心直口快的特点表现得淋漓尽致。后世有人评价：使人对之，龌龊都销尽。水浒中心直口快者大有人在，但是只有阮小七算得上是浑然天成、璞玉浑金。当然，阮小七毕竟是文学夸张出来的艺术人物，真实生活中，人的棱角都会或多或少地被磨平。

当今足坛也有很多心直口快之人，当中有一位球星球技堪称世界一流，他就是新科世界足球先生，巴塞罗那队的阿根廷天才前锋梅西。

梅西，当今世界足坛第一巨星，被很多资深媒体誉为足球之神。小时候就被称为小马拉多纳，年仅22岁就已囊括除世界杯之外的一切足坛荣誉。

梅西能有今天，得来不易，他需要感谢很多人，但有一个人，是他最需要感激的。她就是辛迪亚。可以这么说，没有辛迪亚，就没有今天的梅西。

如日中天的梅西如今已经吸引了无数的眼球，而在其遥远的家乡阿根廷圣塔菲尔省的罗萨里奥中央市，却有着一位梅西最忠实的拥护者——辛迪亚·阿雷萨洛，梅西青梅竹马的初恋女友。

和阿根廷很多足球明星一样，梅西出生在一个贫民家庭。梅西的妈妈因为没有时间照顾弱小的梅西，就把他寄养在辛迪亚·阿雷萨洛家里，让她的妈妈来照顾梅西的生活。

辛迪亚小时候就和梅西在一起，可谓青梅竹马。他们一起就读幼儿园和小学。美丽的辛迪亚见证了梅西童年所有的辛酸苦辣和开心时刻。

辛迪亚是梅西最早的痴心球迷。童年时梅西的每场比赛，只要在条件允许下她都会前往球场加油助威。辛迪亚珍藏着梅西代表各个俱乐部效力时穿过的各种款式球衣。这些球衣都是全新的，梅西把自己余下的一套送给她。辛迪亚把这些球衣小心翼翼地收藏起来，连球衣上的标签都舍不得扯掉。

1995年梅西就开始为阿根廷老牌俱乐部纽维尔斯老男孩队踢球，梅西过人的技术让人眼花缭乱，他很快开始崭露头角。

如果一切这样继续，如果一切都没有改变，梅西和辛迪亚相处在一起的日子将会更长。然而一个噩梦般的消息传来，因为缺乏营养，荷尔蒙生长素分泌不足，梅西患上了侏儒症，11岁时身高只有140厘米。得知自己的病情后，梅西号啕大哭，因为这意味着，如果治不好病，他就要永远告别心爱的足球。

当时，纽维尔斯老男孩俱乐部不想再为还未成名的梅西掏出每月800美元的治疗费用。但是，一贫如洗的家里也没有钱给他治病。父亲只好带着他去西班牙求助。辛迪亚抱着小梅西说：“不哭不哭，坚强点小不点，坚强点小不点。一切都会好起来的。”当时是2000年，一代阿根廷天才就这样告别辛迪亚踏上了西班牙的土地。

梅西远赴西班牙后，辛迪亚依然时时不忘给他鼓励，成为了梅西在逆境中奋起的精神支柱。来到巴塞罗那的梅西经过不懈的努力，得到队友的宠爱，成长为世界巨星。罗纳尔迪尼奥曾说：“只有梅西才能骑在我的背上，我们是好兄弟。”

梅西在年少之时就来欧洲训练，与很多南美球员相比，他的球风既有南美球员让人眼花缭乱的盘带，又有欧洲球员强壮的体魄。在技术方面，梅西最牛的一点是就是动作频率快到几乎无法用肉眼来判断，以至于在防守他的时候，很多后卫只能是目瞪口呆。

与阮小七一样，青春年少就已名扬天下的梅西也是个直性情之人。05/06赛季，欧冠巴塞罗那对阵切尔西，当梅西被对方球员凶狠地铲伤后，梅西像个小孩子一样哭着投入了时任巴萨主帅里杰卡尔德的怀中。在那时，他还是个纯真率性的孩子。想来，阮小七在自己的兄长身边也肯定也是这个样子，而不是那个人见人怕的活阎罗。

阮小七在水浒中有这样一个情节让我终生难忘。当梁山众将在接受招安之时受到朝廷狗官冷遇时，一位梁山的英雄奋起杀了这厮，此人是阮小七的部下。活阎罗面对朝廷的责难和宋江等人的愚忠时，誓死捍卫自己的兄弟，此情此景最能体现阮小七的侠肝义胆。

在梅西身上也发生过此类事件。小罗曾经是诺坎普的宠儿，后来因为表现不佳还是自暴自弃堕落了。当所有人都对他表示奚落的时候，梅西在面对媒体时却表示，小罗是他永远的大哥，这一点和阮小七是完全一样的。

当然，梅西也不是完人，阮小七当年因为穿龙袍被贬为庶人，梅西也曾因为在阿根廷队和队友配合不善而被老马换下。当然，这和他的光辉相比是微不足道的。

世界杯即将开始，梅西将铁定身披蓝白战袍出现在南非赛场上，期待梅西能够有上佳表现，载誉归来。

行者武松　伊瓜因

武松打虎的故事家喻户晓，武二郎在人们心中的地位很高。在《水浒传》中，武松排行第二，江湖上人称武二郎，清河县人。武松在景阳冈上打死老虎，威震天下，做了阳谷县步兵都头。在安平寨牢营，武松结识了金眼彪施恩。为替施恩夺回店铺，武松大闹快活林，醉打蒋门神。后来，武松被蒋门神勾结张团练陷害。在飞云浦，武松杀死公差，回鸳鸯楼杀死张团练、蒋门神，在十字坡张青酒店改扮成行者，去二龙山落草，后来投奔梁山泊，成为梁山第十四条好汉，步军第二名头领。攻打方腊时，武松失去左臂，留在六合寺照看林冲，后出家成僧，八十岁去世。

武二郎除了武功高强、为人行侠仗义外，还有一点颇为耐人寻味——他与一个女人的纠葛。这个人就是他的嫂子——潘金莲。潘金莲因为和西门庆通奸，害死武二郎的大哥，武二郎一怒之下，先斩了潘金莲后怒杀西门庆，导致后来上了梁山。为了女人，武松断送了自己的前途，而这个女人实际上和自己没什么直接关系。环顾当今世界足坛，也有这样一位为女人所困的球星，他就是皇马主力中锋伊瓜因。

很多阿瓜因的粉丝或者银河战舰的球迷都会责怪作者，你这不是胡说八道吗？咱们伊瓜因那可是足坛少有的好男人啊，怎么会因为女人耽误前程？听我细细说吧，与伊瓜因有感情纠葛的人不是别人，既不是什么大牌女明星，也不是什么体坛靓女，但是她的身世却极为特殊，因为她就是马拉多纳的女儿——

吉亚妮娜。

伊瓜因和阿奎罗都喜欢吉亚妮娜，但是吉亚妮娜最终选择了阿奎罗。作为一头阿萨帕斯湾的雄鹰，伊瓜因没有放弃，不断地追求吉亚妮娜。最终的结局就是伊瓜因和阿奎罗决裂，阿奎罗的好兄弟——马斯切亚诺等人也成了伊瓜因的仇人。所有关注皇马的球迷都知道，在伊瓜因状态最好的时候，阿根廷国家队的大门也始终没有对这位天才中锋开放，据说是因为国家队队员都抵制他。到了老马当政时期，由于女儿的原因，伊瓜因也始终无缘探戈军团。

2009年，阿根廷在南美洲预选赛上面临被淘汰的绝境的时候，阿根廷足坛名宿终于说动了老马，重新招募了伊瓜因。而这位战士也不负众望，射入了关键一球，拯救了阿根廷，拯救了老马，也拯救了他自己。

伊瓜因没有梅西那般过人的天赋，没有阿奎罗的名气，但他朴实无华的球风、超高的进球效率，使得他成为阿根廷中锋的NO.1。与武二郎相同，伊瓜因在阿根廷也显得有些异类。两人若能在今世相见，一定会感慨同一件事：咱们都为了一个女人而招来这么多麻烦，值得吗？

及时雨宋江 马拉多纳

很多人都把宋江宋公明放在第一，我把他放在第二。宋江，人称“及时雨”。早先为山东郓城县押司，整日舞文弄墨，不过是一个县衙的小吏。晁盖等七个好汉智取生辰纲事发，官府要派兵捉拿，宋江冒死送信，救得几位好汉。事后不久，晁盖派刘唐送金子和书信给宋江，宋江的小老婆阎婆惜发现宋江私通罪犯，趁机要挟，宋江一怒之下杀了阎婆惜。几番周折，宋江先后被抓，又反复被救，终于被逼上了梁山。后来宋江做了梁山泊首领，受招安后，被宋徽宗封为武德大夫、楚州安抚使兼兵马都总管，最后被高俅用毒酒害死。

宋江的一生可以说是梁山好汉的缩影，也是整部小说最大的悲剧。但是水浒传的精华就在于此。提到宋江，我不禁想到了迭戈·马拉多纳，一个永远的球王，世界杯的王者。很多人肯定会质疑，这不是胡说吗，宋江怎么能和马拉多纳比？马拉多纳踢球时那是无敌的，那个面对英格兰连过七人的进球让他正式加冕成为世界足坛第一人。但是，我要说的恰恰就是这个问题，宋江虽然智谋难比吴用，武功还不如普通人，但是他决定了梁山一百零八位英雄的生死，这难道不是第一人吗？

现在看来，宋江和马拉多纳更像了。阿根廷军团的实力那是没得说，但是看好他们夺冠的并不多，为什么？因为马拉多纳是主帅。谁敢对这样一位激情四射的教练怀有绝对的信心？他和宋江一样，一心忠君为国，认死理。马拉多纳死了也要打攻势足球，宁为玉碎不为瓦全，完全不顾残酷的现实。马大帅和探戈军团的命运如何，且让我们拭目以待吧。

狼牙棒，一件很有暴力美学的武器，使用这种武器的人一定是性如烈火。水浒传里就有这么一位使狼牙棒的好汉——秦明，他在梁山泊英雄中排第七，马军五虎将排第三。宋江去清风寨投靠花荣时，被清风寨文官刘高陷害，宋江与花荣被黄信捉拿押往青州，又被清风山好汉燕顺截住相救。青州指挥司统秦明得知花荣谋反，点起五百人马前去捉拿。秦明本人性情急躁，外号“霹雳火”，有勇无谋，同花荣斗了四五十回合不分胜负，掉入陷坑被捉。秦明不肯归顺梁山，仍要回青州，却被花荣用计断了退路，终于投靠了宋江。宋江将花荣的妹妹许配秦明为妻。在宋江征讨方腊时，秦明被方腊的侄子方杰一戟刺到马下，死于非命。

但是秦明除了脾气火暴之外，更能令他扬名立万的就是他以一抵十、无人可挡的战斗力。大牌球星中，不乏性格暴躁的火药桶，其中被球迷戏称为野兽的阿根廷前锋特维斯，与秦明最为相似。

特维斯出道于阿根廷博卡青年，曾帮助球队横扫南美，并夺得南美足球先生称号。后漂洋过海来到欧洲，在西汉姆联亮相，后被老爵爷收到红魔门下，随即成为世界足坛的焦点人物。

特维斯是南美球员，但是拼抢凶狠，作风顽强。虽然经常受到红黄牌的惩罚，却深受球迷和主帅的青睐。无论是在曼联还是在曼城，他都能成为主帅手中的一张王牌。当然，他的弱点同样突出，很多时候因为过于亢奋，往往缺少一点变通和城府。

假如特维斯能和秦明聊聊天，我相信作为过来人的霹雳火一定会教育一下野兽："兄弟，有时候欲速则不达，该冷静的时候要冷静些啊！"希望特维斯能听听霹雳火的金玉良言，帮助阿根廷走得更远。

花和尚鲁智深　贝隆

水浒的开篇人物就是鲁提辖，此君侠肝义胆，古道热肠。原名鲁达，官至提辖，因为见郑屠欺侮金翠莲父女，三拳打死了镇关西，被官府追捕，被逼无奈逃到五台山为僧，改名鲁智深。鲁智深哪里忍得了佛门清规，醉打山门，被长老派往东京相国寺看守菜园，因将偷菜的泼皮踢进了粪池，倒拔垂杨柳，威名远扬。鲁智深在野猪林救了林冲，高俅派人捉拿鲁智深，鲁智深在二龙山落草，后投奔水泊梁山，做了步兵头领。宋江攻打方腊，鲁智深一杖打翻了方腊。鲁智深后来在杭州六合寺圆寂。

鲁提辖的故事流传广远，他虽然在水浒中排名不高，但在老百姓心目中却有很高的地位。一是因为他的乐于助人，有侠义心肠。二是他为朋友两肋插刀，是个真性情的人。在当今物欲横流的世界足坛，有如此性情的人不多。不过有一位球星算是鲁提辖的同道中人，此人也是位“出家人”，也是光头。

他就是被称为小巫师的阿根廷中场巨星贝隆。贝隆闯荡欧洲良久，早年便已声名鹊起。法国世界杯上，贝隆给人的感觉非常惊艳，但在韩日世界杯上，贝隆与探戈军团一起悲壮地沉沦了。当然，最令球迷痛心的就是贝隆无缘德国世界杯，很多球迷表示，探戈军团不该没有小巫师。贝隆和鲁提辖都是直性子的人，得罪了不少人，遭遇了很多人情冷暖。

鲁提辖是十员步军头领第一名，武功了得，而贝隆作为一名资深中场核心，虽没有哈维等新中场那般细腻的技术，但是大局观、意识都是出类拔萃的。尤其难得的是，与众多阿根廷中场相比，贝隆顽强的作风能给予探戈军团最有力的帮助。鲁提辖要是有机会能看看这届世界杯，一定会注意到阿根廷的这位球星，并感叹道：“此人好像我啊，球也玩得不错，比那个高俅强不少，早知道，把他拉过来，此君要是当了太尉，我的好兄弟林冲也不至于家破人亡了。”

混江龙李俊　马斯切拉诺

中国古代战场上，水军作用很大，三国时曹操就是水军大败于赤壁，最终形成了三国鼎立的局势，可见水军的重要性。梁山泊的水军将领李俊，梁山第二十六条好汉，四寨八员水军头领第一位。李俊原来是揭阳岭人，浔阳江上的好汉。宋江被发配江州，在催命判官李立的店中喝酒时被放倒，幸亏李俊相救。后被穆弘兄弟追杀，宋江逃到江上，又被“船火儿”张横江中抢劫财物，危急时刻，又是李俊赶来相救。浔阳楼宋江写反诗，被绑押刑场，梁山好汉劫了法场，李俊、李立等众英雄来迟一步，二十九名英雄“白龙庙小聚会”，上了梁山。李俊一身水中好功夫，多次为梁山建功立业。宋江攻打方腊得胜回京，兵马到苏州城外时，李俊假装中风，要求把童威、童猛留下照顾自己，随后打造船只，从太仓港出海，去了日本国。

在水泊梁山，李俊更多地起到了守卫大寨的作用，他守护的水泊任凭官兵围攻而固若金汤，还可以在水上发起突然进攻，给对手致命打击。当今世界足坛也有这样一位巨星，他像李俊一样，防守密不透风，进攻也有一套。他就是利物浦的阿根廷球星马斯切拉诺。

马斯切拉诺，完美的新型后腰，与传统的强力后腰，如法国队维埃拉、巴西队梅洛的高大威猛相比，小马哥稍微显得单薄了一点，但完美的抢截技术、出色的判断力让他成为防守型后腰中的翘楚。在众多天才云集的探戈军团中场球星中，小马哥的主力位置不可撼动。马拉多纳就曾经说过，世界杯我要带马斯切拉诺和另外22个人去，可见小马哥的实力。

小马哥出道于阿根廷豪门河床队，而后辗转于英超西汉姆和利物浦。在拼抢凶狠的英超，历来是南美技术型球员的噩梦，但是小马哥从不畏惧，在与兰帕德等大牌巨星对抗中从不落下风。很多专家都把他看成新雷东多，但是与雷东多在阿根廷的郁郁不得志相比，贵为阿根廷队长的小马哥可是阿根廷队的铁打主力。

小马在与红魔曼联进行的英格兰国家德比大战上，一不小心造成了点球。赛后媒体恶评如潮。我相信，本来就身手敏捷的小马哥，要是得了李俊的真传，肯定能成为球场上一道不可逾越的屏障。

插翅虎雷横　阿奎罗

兵法有云，出奇制胜，以快制胜。水浒中的步兵将领中，很多都是可以实施突然攻击改变战局的高手。插翅虎雷横就是当中的代表人物。雷横是梁山第二十五条好汉，步军头领第四位，因能跳过几丈宽涧，外号“插翅虎”。 雷横原是郓城县步兵都头，打铁出身，学了一身好武艺。宋江杀阎婆惜后，他奉命追捕，和马兵都头朱仝一起放了宋江。宋江曾让雷横留在梁山，但雷横坚持要回家照顾母亲，给母亲送终后再上梁山。后来雷横没有带钱赏唱曲人白玉乔、白秀英父女，被白父白玉乔骂作是“驴筋头”。雷横一怒之下一拳一脚打得白玉乔唇绽齿落。后来，白秀英告到知县那里，雷横被枷囚。正逢他的母亲来送饭，看见雷横被枷囚便骂了白秀英，结果被白秀英反骂还打了一巴掌。雷横是一个大孝之人，一气之下，用枷板打死了白秀英，被打入死牢，后被朱仝放走，投了梁山。

雷横的武艺在梁山位居二流，但是他作战勇敢，能在混乱的战局中把握机会，也有出色的表现。比如，雷横偷袭高廉，将其腰斩。他最闪亮的表现，是在马上大战童贯麾下号称御前飞虎大将的毕胜，打了二十余回合不分胜败，连飞龙大将酆美也看得发急，上前助战。雷横的武力价值，在这里展现得最为充分。

当今世界足坛快马云集，都是可以在反击中给对手致命杀招的巨星。而马德里竞技队的阿根廷巨星阿奎罗就是当中的代表之一。阿奎罗15岁零1个月3天，就代表独立队亮相甲级联赛，打破了马拉多纳的纪录，从此开始他的传奇之路。很多人都说他是马拉多纳的接班人，但是专家都认为他更像巴西巨星罗马里奥。

阿奎罗虽然身高不高，但是弹跳出色，垂直起跳高度达到了60厘米，既能头球破门，也能凌空抽射得分；因为出道时担任前腰，所以擅长助攻，每个赛季均能送出10+的助攻；还罚得一脚出色的任意球，是一名难得的全能锋线球员。当然最出色的还是惊人的速度，巴萨夺得三冠王的那个赛季，阿奎罗曾多次在反击中攻破巴萨大门，以至于英超豪门切尔西多次想把他挖来，与德罗巴组成无敌锋线。阿奎罗还有一点和雷横很像，雷横与宋江关系匪浅，而阿奎罗不可不说的身份就是老马（在前面我把老马比作宋江）的女婿。

这个身份让他受益匪浅，毕竟教练是自己的老丈人，信任肯定是不成问题，但是也有人攻击阿奎罗搞裙带关系。阿奎罗的实力摆在那里，别人要说什么就说去吧。

天目将彭玘　德米凯利斯

很多战将为在战场被生擒而感到羞愧，在水浒中这样的人比比皆是。阮小二就是在攻打方腊时，因为不堪被俘受辱而挥刀自杀了。被俘是羞愧的事情，那被女人俘虏就见不得人了。水浒中就有位大将被女将俘虏了。他就是地英星天目将彭玘。

彭玘原是颍州团练使，随呼延灼征讨梁山时任副先锋，他的兵器是一把三尖两刃四窍八环刀，武艺很不错，人称天目将。但是此君最大的问题就是轻敌，这从他和扈三娘的交手就可以看出来，一个不小心，被扈三娘的红锦套套住活捉，归降梁山。

要说彭玘也没有垃圾到那个份上，但是轻敌加疏忽是他的致命伤。当今世界足坛也有这种爱走神的人，其中拜仁慕尼黑的阿根廷后卫德米凯利斯就是代表人物。

出道于河床的德米凯利斯是位不错的中后卫，在阿根廷联赛时，此君表现一直不错，他身上有种舍我其谁的霸气，大家都叫他“元帅”。他的良好表现得到了欧洲豪门拜仁慕尼黑的青睐，并迅速成为球队的新宠。但是，德米凯利斯发挥不稳定，在场上瞬间短路是他的致命伤。他的解围和抢断都是世界级的，但就是爱犯低级错误，和彭玘一样，总让人感觉不放心。

由于发挥不稳定，德米凯利斯缺席了2006年德国世界杯，这成为他的一大遗憾。当然，即使是爱短路，德米凯利斯总体水平也是可以的。他一对一成功率高，头球能力强，尤其擅长于对付速度型前锋，而且可以打多个位置。如果不出意外，他还是能顺利搭上南非的末班车。

圣手书生萧让　萨内蒂

古代时所有的交流和记录都要靠墨笔来完成，这就对掌握墨笔的人提出了很高的要求，用字体都是很有讲究的，一旦用错就是大罪过。《水浒传》中有一位书法高手，他就是地文星圣手书生萧让。此君虽没有自创什么字体，但却是模仿的高手，精通当时的苏、黄、米、蔡四种字体，而且模仿得惟妙惟肖，让人真假难辨。萧让出场不多，但最令人印象深刻的是——当年宋江被抓，吴用献计让戴宗请圣手书生萧让和善刻金石印记的玉臂匠金大坚到梁山伪造蔡京的文书，连蔡京的亲儿子都看不出来。要知道，这个蔡国师虽然德性很差，但是书法那是连宋徽宗都佩服的呢。

由此可见，萧让先生真是模仿界的MVP。当今世界足坛也有很多模仿高手。当然，我说的这个球员模仿的既不是字体也不是图画，而是可以打不同的位置，而且来之能战，战必出彩。最有代表性的球员就是国际米兰的阿根廷球员萨内蒂。

如果说小马尔蒂尼是AC米兰的旗帜，那萨内蒂之于国米就是灵魂。哈维尔·阿德马尔·萨内蒂，是一个视阿根廷蓝白色为灵魂、把国米的蓝黑当做第二肤色的巨星。从1995年效力于蓝黑军团开始，十五年如一日，他把自己的青春和热血都献给了国际米兰。1999年，他从国米老队长贝尔戈米手中接过队长袖标，此后十年，是他带领着国米一步步走向巅峰。

萨队发挥极其稳定，出道时作为右后卫，攻防俱佳，他的长途奔袭助攻，往往成为球队打不开局面时的致命武器。与萧让精通四大家字体一样，萨队也是个全才，既能打右后卫，也能以左边卫的身份临时救火。自从巴西右后卫麦孔加盟后，萨队逐渐出现在了中场，无论是出任后腰，还是左右中场，他依然能凭借近乎完美的表现征服了挑剔的曼奇尼和穆里尼奥，甚至关键时刻能作为前锋到禁区内完成致命一击。

圣手书生萧让伪造的文书后来终于被识破，当然，这和萧好汉关系不大。而萨队虽然表现极为出色，但是世界杯是他心中的痛。1998年世界杯上，巴蒂、贝隆和萨队配合出了一个惊世任意球，萨内蒂一脚劲射洞穿了英格兰队大门，但阿根廷还是倒在博格坎普领衔的荷兰队面前。2002年世界杯，阿根廷队作为最大的夺冠热门小组都没有出线。2006年德国世界杯，萨队更是没有列入出征的名单之中，引人大跌眼镜。让人欣慰的是，在萨内蒂即将隐退之时，他率领国米拿到了欧洲冠军杯，这也算是对迟暮英雄的一点安慰吧。

锦毛虎燕顺　萨莫埃尔

有些人看起来平淡无奇，可能不是他本人能耐不行，而是他身边的人都太抢眼了，使得他完全被淹没了，但是这类人经常会做出一些影响全局的大事，让你明白他真不是可有可无的。水浒中的地强星锦毛虎燕顺就是这样一位好汉，此君出身一般，只因生得赤发黄须，被众好汉取了个绰号叫锦毛虎。

燕顺和“矮脚虎”王英、白面郎君郑天寿占山为王，并成为清风山的山主。投奔梁山后，他做了梁山马军小彪将兼远探出哨头领第十一名。在高手如云的梁山众好汉面前，燕顺显得不那么起眼，出战不多，与张清交手，没几个回合就败下阵来。

当今世界足坛也有位这样的球星，虽然不起眼，但是和燕顺一样，关键时刻能起到决定性的作用。他就是国际米兰的阿根廷铁卫萨莫埃尔，外号岩石。第一次知道这个人，是在00/01赛季，当时第一感觉就是这个名字好拗口，后来发现这个后卫真是很厉害，登陆意甲的第一个赛季就帮助罗马夺得了联赛冠军。

很多专家给萨莫埃尔的评价是头脑冷静，迅猛灵活，头球争点和正面阻截能力都很不错。在崇尚防守的意甲赛场上，萨莫埃尔的表现一直不错，无论是在罗马还是现在的国际米兰，他都是后防线上最可以依靠的屏障。岩石的绰号就是对他的表现的最佳褒奖。当然，随着时光的流逝，那个勇不可挡的阿根廷小伙子已成了一名老将，与他同时代的内斯塔因为夺得世界杯和欧冠早已功成名就，年轻的如佩佩等人也是声名鹊起，唯有岩石总是显得有点儿不温不火。

但是，要是认为萨莫埃尔是可有可无的，那您就大错特错了。燕顺在水浒中干了一件可以改变整个水浒故事的事情。宋江当年路过清风山，被劫到山寨中，几位头目要杀之，宋江仰天长叹，报出姓名，燕顺听见“宋江”两字，便跪地拜见宋江。如果那时宋江被杀，后面的故事就会被改写。

在本书中，宋江对应的是老马，正是阿根廷的主帅。而马大帅在南非世界杯上要想有所作为，就不能不倚重岩石萨莫埃尔。萨莫埃尔在弱冠之年就成为了探戈军团的后防主力，之后表现一直不错。但是在2006年德国世界杯，时任主帅以维护球队团结为由，拒绝萨莫埃尔入队，这也成为他职业生涯的一大伤心事。

时光穿梭，斗转星移，南非世界杯来了，在2010年3月初进行的一场友谊赛中，阿根廷战胜了夺冠热门德国队，而一直以来为人诟病的后防线，在岩石归来后，受到了一致的好评。相信马大帅会看清状况，不会再让岩石伤心的。

玉臂匠金大坚　比拉尔多

水浒中不乏学识渊博的才子，地巧星玉臂匠金大坚就是当中的翘楚。此君是当时著名的金石雕刻家，善刻当时的苏、黄、米、蔡四种字体。雕刻字体好似一本教科书，所有研习书法的人，就要照着这个去练习，这是通向成功的必由之路。

当今世界足坛也有位教科书般的人物，他就是现任阿根廷国家队领队兼助理教练比拉尔多。翻开此君的简历，你会发现这真是一部活的传奇。牙医出身的比拉尔多谙熟足球历史，对足球技术的发展做过非常深入的研究，所以在排兵布阵上自成体系。

此君最大的成就是1986年带领阿根廷队夺得世界杯，那届杯赛中，现任探戈军团主帅马拉多纳是那支球队的领军人物，这次世界杯夺冠也奠定了老马世界足坛第一人的不朽地位。4年后，阿根廷再次杀入决赛，惜败于贝肯鲍尔率领的西德队。这些成功的经历，真像一本教科书一样，够老马好好学上一阵子了。

但是，就像金大坚一样，这本教科书虽然优秀，但是很多时候会物极必反，走向另一个深渊。金大坚当年为了解救被关押在江州的宋江刻了蔡京的假印，用来骗蔡京的儿子。没想到刻的图章是蔡京的名讳图章。哪有老子给儿子写信，盖自己名讳图章的呢？此事害得宋江差点儿命丧黄泉。而比拉尔多也差点儿把老马“害死”。

这到底是怎么一回事呢？听我慢慢道来。老马作为阿根廷永远的偶像，执教探戈军团，被所有球迷宠得不行。但毕竟没有执教经验，阿根廷足协就把他的老师比拉尔多邀请进教练组，辅佐迭戈。但是，曾经亲如父子的两人，因为在很多问题上的分歧，差点就反目成仇了。

教练不和几乎断送了阿根廷进军南非世界杯的梦想，幸亏最终靠着众多巨星的发挥勉强杀进32强。谁也不否认马拉多纳球员时代的辉煌，但是当主帅还是显得经验少了点，需要别人的帮助。但是比拉尔多千万别和金大坚一样，帮了倒忙啊！

为了球队的安定团结，比拉尔多选择了忍让，在对阵苏格兰的比赛中，老师主动离开教练席，去看台看球，给老马以空间去自由发挥。这次的师生和或许是个契机，能助阿根廷队夺得好成绩。

出洞蛟童威　大米利托

水浒中有很多水军战将，个个都是能独当一面的英雄好汉，童威、童猛便是当中的杰出代表。地进星出洞蛟童威，原在浔阳江边上贩卖私盐为生，与混江龙李俊交好。大江中能伏水，会驾船，当年宋江在江州落难，与众英雄一起劫了法场，后上了梁山。童威和阮小五一同驻守梁山东北水寨，是梁山四寨水军头领第七员。

童威人送绰号出洞蛟，可见他水性之高，在水战中能像猛蛟一样，给对手以致命打击。当今世界足坛有位巨星和童威很像，他就是国际米兰的阿根廷巨星迭戈·米利托。

迭戈·米利托成名于阿根廷竞技队，最初来到欧洲的几年显得不温不火，后在西甲萨拉戈萨队终于声名鹊起，几年前回到了意甲热那亚队，表现极为出色，被意甲豪门国际米兰看中，凭借优异的表现坐稳了主力位置，至此由一名球星正式成为超级巨星。

迭戈·米利托的风格很像前阿根廷传奇前锋克雷斯波，是一位机会主义者，总能出现在最合适的位置敲开对方的大门。此君也特别擅长在反击中完成致命一击，像猛蛟一样，一直隐忍待发，突然一跃就能至对手于死地。在2010年欧冠联赛1/8决赛中，大米利托所在的国米迎战英超豪门蓝军切尔西，双方一直在僵持，谁也很难给对手以致命打击。就在这时，轮到大米利托表演了。埃托奥在禁区外转身外脚背一弹送出直塞球，斯内德在扯动中将球漏过，迭戈·米利托禁区左肋得球后左脚一扣，轻而易举地晃开切尔西队长特里，随即右脚抽射将皮球送入球门近角。这一连串配合让人眼花缭乱，埃托奥和斯内德的表演固然精彩，但最后迭戈·米利托的凌波微步和致命一击才是高潮，真如出洞的蛟龙一般，瞬间完成绝杀。

大米利托的国家队生涯没有俱乐部这般辉煌，探戈军团的锋线华丽到让其他教练眼红，大米利托纵然优秀，却依然没有他的稳定位置。但是我们相信老马不会对有如此精彩表现的大米利托无动于衷的，不出意外，他将作为伊瓜因的替补出战。大器晚成的大米利托要是有幸能看到童威兄弟那般出神入化的水上功夫，没准会上前讨教一二，一旦学成出师也许就能成为阿根廷队的秘密武器，关键时刻决定比赛胜利，给喜欢他和探戈军团的球迷一个大大的惊喜。

童猛，童威的亲弟弟，经历和哥哥相差无几，都是水上的好汉，人称“翻江蜃”。归顺梁山后，童猛是第八名水军头领，同阮小七一同驻守梁山西北水寨。

俗话说心有灵犀一点通。童威对应的是大米利托，而他的弟弟童猛正好像极了小米利托。小米利托全名叫加布里埃尔·米利托。第一次听说这个人，是因为皇马的退货事件。当年皇马先是宣布签下了米利托，随即又称阿根廷人没有通过体检，将其放弃。实际上按照米利托以及经纪人的说法，伤情是莫须有的，皇马出尔反尔，并无签约的诚意。最终，米利托加盟了萨拉戈萨，在西甲赛场生龙活虎，而皇马则为中后场的空虚还债至今，倒是“通过了体检”的伍德盖特伤情不断，成为笑谈。

小米利托作风强硬，卡位准确，能出任中后卫和左后卫两个位置。更加难能可贵的是，作为后防球员的小米，经常用手势和命令指挥整个后防线，颇有大将风度。当然，和童猛最像的地方，是他每次对阵皇马都能引起轩然大波。

当初因为皇马的恶意嫌弃，使得小米对银河战舰产生了极大的憎恶，在和“仇家”皇马的交锋中，他曾成功地冻结过罗纳尔多与劳尔，人们在他身上丝毫看不出皇马所称“膝盖有问题”的迹象。每次比赛后，都会有记者拿此事奚落当初拒绝小米加盟的皇马总经理。

07/08赛季，小米转会皇马死敌西甲豪门巴萨，双方的仇恨进一步升级，米利托家族甚至不允许大米利托和皇马有任何瓜葛，看来这个仇恨是无法解开了。小米利托真不愧是翻江蜃，他一出场，连皇马这艘无敌舰队都躲避不及。

小米利托在阿根廷队属于小字辈的角色球员，入选的次数不多，但与强大无比、人满为患的探戈军团攻击线相比，后防线显得稍微孱弱了一点，或许小米可以凭借自己的表现赢得老马的信任，获得比他哥哥还要多的出场时间也不是不可能的。

兄弟如手足，在水浒中这点体现得最为明显。水浒中有不少亲兄弟，都是形影不离的亲密战友，但也有例外的，比如说宋江的弟弟宋清。宋江在江州被救，怕官府捉拿父亲和弟弟，才连夜下山去宋家村搬家，最终宋清被接上梁山，掌管梁山排设筵席之事。

宋清因为宋江的关系排在了好汉的行列，但是也因为宋江的缘故，被人认为是搞裙带关系的产物。我把宋江比作马拉多纳，那这里的宋清应该是对应一个和老马很亲近的人，思来想去，我觉得和老马很亲近的不多，但有个人非常合适，是老马真正的接班人，他就是现效力于阿根廷博卡青年队的巨星里克尔梅，昵称罗米。

当今世界足坛，谁和老马最像？有人说梅西，有人说特维斯，公认还是里克尔梅，他们都有一个特点——位置都是纯粹的前腰。阿根廷名宿巴尔达诺有一句经典的描述："如果我们必须从A地到B地，大部分人会选择一条六车道的高速公路，尽快到达目的地。里克尔梅则会选择一条崎岖的山路，这条路需要耗费他六个小时，而不是两个小时，但却是一条风光美丽的路。"

里克尔梅就是这样一个人，一个唯美的人。他追求完美，给人的感觉就是别人皆醉我独醒。在圆桌上跳舞，是里克尔梅盘带技术的最好写照。在禁区内2平方米连续摆脱4名防守队员，似真似假，假传真突，左右脚原地交替拉球，闪开位置，晃乱防守队员的重心，然后射门得分。

里克尔梅在博卡时还有一段精彩盘带，在中场1米间的距离连续用左右脚交替拉球硬从两人包夹中闪出。这种细腻的技术及左右脚平衡性是里克尔梅的拿手绝活，挑、拨、拉、扣，应付任何来球都不需要刻意调整步伐。

然而，这样一名盖世奇才，却只在2006年德国世界杯上获得为国出战的机会。2009年世界杯预选赛中，探戈军团面临危难之际，老马就是打死也不用罗米。我认为除了战术层面上，个人因素也占了不少。里克尔梅是孤傲的，虽然他没有取得老马那样的成就，但南美之王却有着一颗比老马更加骄傲的心，从不为任何人而改变自己的踢球方式，永远活在自己的世界里。

水浒中的宋清是渺小的，现实中的里克尔梅是伟大的、独一无二的，但是他们都被这种俗世的观点所累。没有罗米的阿根廷少了几分纯美，少了几分灵性。这不能不说是南非世界杯的一大遗憾。

金眼彪施恩　巴尔达诺

水浒中有很多小角色，但是他们的作用有时候却很大，甚至能决定故事的走向。地伏星金眼彪施恩就是其中一个。当年武松杀了西门庆、潘金莲后，被发配到孟州城，小管营施恩见到了武二郎，千方百计照顾他，使武松很感动。施恩在快活林里开了一个酒肉店，不想被蒋门神霸占。武松醉打蒋门神，替施恩夺回了酒店。后来，施恩被迫上了梁山泊。

在本书中，武松对应的是伊瓜因，而帮助伊瓜因重返国家队的正是皇马的经理巴尔达诺。此君和老马是队友，被誉为隐藏在马拉多纳身边的杀手。正是有了这样一份特殊的关系，巴尔达诺为伊瓜因打开了国家队的大门，也成就了伊瓜因最后一场单骑救主的完美演出，帮助探戈军团最终杀入世界杯决赛圈。

伊瓜因和巴尔达诺的关系很像武松和施恩的关系。武松受了施恩的恩惠，帮助他夺回酒店。而伊瓜因在得到帮助重返国家队后，也用自己的出色表现证明了巴尔达诺的眼光是多么独到。巴尔达诺评价伊瓜因是一名决定性球员，阿根廷队需要这类智慧型的斗士，特别是在比赛进入僵局的时候，伊瓜因往往会有上乘表现。

巴尔达诺和施恩都是配角，但是他们的奉献精神令人感动，正是有了这些默默奉献的人，才让英雄好汉有了表现的空间、形象更加高大。

催命判官李立　尼古拉斯·奥塔门迪

龙兄鼠弟不光是在影视作品中才有，在水浒中就有这么一对兄弟，哥哥很厉害，弟弟却差得很远，真有点儿射雕英雄传中裘千仞和裘千丈的感觉，他们就是李俊和李立。李立是李俊的弟弟，浔阳江边揭阳岭人，专在浔阳江上为私商提供食宿、运输。李立开的酒店也常用蒙汗药将客人放倒，谋财害命。要不是李俊及时赶到，宋江也险遭李立毒手。李立上了梁山以后，负责开设北山酒店，迎来送往，打探消息。

两个人虽是兄弟，能力差距却很大，我把李俊比作阿根廷队长马斯切亚诺，他的队员中就有个表现欠佳的球员，险些让阿根廷失去了进军南非世界杯的机会，他就是尼古拉斯·奥塔门迪。

此君的名字恐怕很多阿根廷球迷不一定知道，但近一年他的上升势头却相当不俗。2008年5月，尼古拉斯·奥塔门迪首次亮相阿根廷甲级联赛，如今他已经有了入选阿根廷国家队的经历，并且在对阵巴西队的关键比赛中，被马拉多纳安排在主力中后卫的位置。

这是招险棋，一旦成功，则质疑老马的人都会闭嘴，他也会被人称赞为点石成金。但结局是残酷的，尼古拉斯·奥塔门迪成了对方前锋戏耍的对象，他盯防的法比亚诺大放异彩，独中两元。赛后，媒体给他的评分极低，而马拉多纳几乎因此下课，真像水浒中的宋江一样，差点儿死于李立之手。

其实公平地说，尼古拉斯·奥塔门迪还是太年轻，上升空间也是有的，但是错就错在用他的人。和功成名就的大牌队友一比较，他显得有些不堪。好在尼古拉斯·奥塔门迪还年轻，有的是机会，希望在不远的将来，我们能看到一个钢铁后卫。

3 PART

英格兰

可惜不是你，陪我到最后

曾经的万人迷小贝，风之子欧文，都离我们远去了，很多球迷有些伤感，但是足球还要继续关注的，这才是对那些离去的人的最好慰藉。小贝走了，但还有无所不能的鲁尼、跑不死的兰帕德和小老虎沃尔科特，他们会像拼命三郎石秀一样誓死捍卫三狮军团的荣誉。当然还有卡佩罗这个神奇的教练，他让这支球队涅槃重生，使得这支球队有望走到最后，亲吻大力神杯。

豹子头林冲 贝克汉姆

枪挑一条线，棍扫一大片，可见枪这种武器在古代有多重要。水浒传中武将如云，个个都是武功盖世，但是谈到使枪的翘楚就不能不说一说八十万禁军枪棒教头，豹子头林冲。林教头的妻子被高俅儿子高衙内调戏，自己又被高俅陷害，发配沧州，幸亏鲁智深在野猪林相救，才保住性命。在看守沧州牢城草料场时，被高俅心腹陆谦放火暗算。林冲杀了陆谦，冒着风雪连夜投奔梁山泊。晁盖、吴用等劫了生辰纲上梁山后，王伦容不下这些英雄，林冲一气之下杀了王伦，把晁盖推上了梁山泊首领之位。林冲的故事广为流传，很多人都为其不幸的一生而惋惜。林娘子因为出众的美貌，为丈夫惹来了杀身之祸。放眼当今世界足坛，也有一位球星因为老婆惹出了诸多事端。

他就是曾经的万人迷，英格兰前队长大卫·贝克汉姆。很多人肯定感到有点儿无厘头，这是哪跟哪啊？听我慢慢道来。小贝出身曼联训练营，深得红魔球迷热爱。当年一记半场吊射技惊四座，被无数球迷津津乐道。而后贝克汉姆"球"海沉浮，名声与财富日渐飞涨。再后来，万人迷找了一个老婆，前辣妹成员维多利亚。此女是娱乐达人，带着小贝到处走穴，小贝逐渐由一名体育明星变成了娱乐明星。这就让小贝的大老板弗格森爵爷不爽了，与小贝的几次冲突不断升级，逐渐被媒体曝光，当年的飞靴门事件成为小贝最终离开老特拉福德球场的导火索。

从此，小贝成了四处漂泊的孩子，无论是银河舰队皇马，还是洛杉矶银河，再到现在的AC米兰，都没有达到曾经的曼联7号的水平。小贝的一生与林冲很像，跌宕起伏，大开大合。贝克汉姆当过1998年世界杯的英格兰罪人，也有过预选赛那记救英格兰于水火的任意球。

2001年10月6日，贝克汉姆打进国家队生涯最重要的进球，他在老特拉福德球场招牌式的任意球帮助英格兰队战平希腊，直接晋级韩日世界杯。英国媒体称这一球价值上亿英镑。

2006年德国世界杯，英格兰能进八强，贝克汉姆居功至伟，他用三次出色表现为英格兰带来了三场胜利。同时，他也成为英格兰队历史上第一位在三届世界杯中都有进球的队员。

贝克汉姆和林冲都有盖世的武功。林冲一把神枪打遍天下，为梁山立下无数战功，令人无比钦佩。小贝同样有一手边路传中的绝技，那记圆月弯刀般的传球，成为所有对手的梦魇，让人叹为观止。

他们都有让世人嫉妒的天赋，取得了让世人钦佩的成就，但是最终的结局呢？小贝的世界杯之路现在还是未知数。如果林冲和贝克汉姆能够相会，除了英雄惜英雄，他们应该都会感慨一件事：造化弄人！林教头是被逼上梁山的，这点从他被发配时的态度就能看出来。而小贝从没有忘记红魔，永远有颗红魔的心。在小贝从曼联离开后第一次回梦剧场之前，曾有曼联球迷在圣西罗打出了标语：大卫，进球了这次就不要庆祝了。看到此景，我不禁感动得热泪盈眶，我相信小贝也会有所感悟的。

最后我用一首诗来鼓励小贝，感谢他给我们带来的精彩和快乐。

大地春如海，男儿国是家。

龙灯花鼓夜，仗剑走天涯。

拼命三郎石秀

鲁尼

古代好汉讲究义字当先，为了讲义气可以不要生命。水浒中的很多英雄就是如此，他们为了心中的目标，为了所谓的替天行道的名号，最终的结局大多很凄惨。要想创一番事业，光有讲义气的品格是不够的，很多时候还得有玩命的精神，水浒传中的“拼命三郎”石秀就是这类人。

石秀，江南人氏，自幼父母双亡，流落蓟州卖柴度日，有一身好武艺，又爱打抱不平，勇猛无比，外号“拼命三郎”，在蓟州街头与杨雄结拜为兄弟。三打祝家庄时，石秀故意让孙立捉住，混入庄内做了内应。卢俊义被困大名府即将杀头，石秀一人跳楼劫法场，救了卢俊义的性命。因为不认识城中的道路，被梁中书拿下，与卢俊义一同被打入死牢。梁山人马攻打大名府后救出石秀、卢俊义。石秀做了梁山第八名步军头领，与杨雄驻守西山一带，排梁山英雄第三十三位。

石秀外号叫拼命三郎，可见他是一个真正的硬汉。当今世界足坛硬汉不少，其中最有代表性的就是曼联的英格兰国脚韦恩·鲁尼。鲁尼，当今世界足坛最火的球星。第一次听说此人，是在2002年10月，埃弗顿对阿森纳最后1分钟，一个刚替补上场的少年以一脚惊艳的弧线球攻破了当时英格兰国门希曼把守的大门。这一天，鲁尼只有16岁零360天，英超最年轻进球者新纪录诞生。此后，一系列纪录都倒在了鲁尼面前。2003年2月12日，他成为最年轻的英格兰国脚（17岁111天），接着又成为国家队最年轻进球者（17岁317天，欧锦赛英格兰

对瑞士）。在青春的鲁尼面前，那句经典的语句真的得到了印证，那就是没有什么不可以。

水浒中对石秀的人物塑造，表现在几个细节上，一是出身一般，第二是作战勇猛不惜命，第三是为了朋友两肋插刀。鲁尼出生于利物浦的克罗克斯特斯区一个贫穷家庭，与石秀相同。性格暴烈的鲁尼被视为最像曼联“国王”坎通纳的球员，他永不放弃的作风深得曼联球迷喜爱。在2006年对阵切尔西的比赛中，大比分落后下鲁尼依然没有留力，尽管这导致他右脚重伤，险些错过德国世界杯，拼命三郎当之无愧。

鲁尼以弱冠的年龄惊艳出场后，逐渐成为各大豪门争相追逐的目标。2004年欧洲杯后，鲁尼以3000万英镑转会英超豪门曼联，被当做球队的未来，弗格森爵士甚至兴奋地称他为“英格兰30年来最杰出的年轻球员”。鲁尼也没有让那些对他充满期待的球迷失望，数年的红魔生涯，让他从一名杰出的年轻球员蜕变成一位出色的国际巨星。

在最初的几年红魔生涯中，曼联一直被切尔西压制着。但是随着鲁尼的逐渐成熟，从06/07赛季开始，曼联实现了英超的三连冠，并在欧冠曼联与切尔西的巅峰对决中以6：5点球取胜，捧起了俱乐部历史上的第三座冠军杯。那一刻，全世界的红魔球迷都坚信一个信念：我们的红魔王朝来了，鲁尼时代也不会久远了。

果然，在世界足球先生C罗远走皇马后，鲁尼完成了又一次的蜕变。原来的曼联为了给C罗让位，鲁尼总是甘当绿叶，如今C罗走了，鲁尼将扛起红魔的进攻大旗。鲁尼身高不高，但是少年时代的拳击手生涯使他的身体条件非常突出，下盘稳抗击打，不惧怕任何冲撞，左右脚都可得分，最近又练成了“鲁大头”的绝世武功，在圣西罗两记头球奠定胜局，联赛杯决赛又险些二度头球破门，媒体惊呼：希勒附体了。

现任英格兰主帅卡佩罗对鲁尼的评价是：鲁尼身为中锋，兼有梅西的个人突破和想象力、C罗的速度和远射和卡卡的后排插上，而身体上较三位却更加强壮。可以说英格兰此次世界杯上能否有所作为，鲁尼的作用举足轻重。

病关索杨雄 布里奇

杨雄，梁山十员步军头领中排行第七，是梁山第三十二条好汉。杨雄原来是蓟州押狱兼行刑刽子手，外号“病关索”。一日杨雄行刑回来，几个朋友给他挂红贺喜，却被张保等人抢了，危急中被石秀所救，二人结为异姓兄弟，杨雄年长为兄，石秀为弟。杨雄的妻子潘巧云与和尚裴如海有染，石秀将此事告诉了杨雄，潘巧云却反咬石秀一口，石秀被杨雄赶出了家门。石秀暗中在杨雄家门口埋伏，杀了裴如海和庙里的头陀胡道。杨雄后悔不该错怪了石秀，杀了潘巧云和丫环迎儿，和石秀一起投奔梁山。时迁因偷吃了祝家庄酒店的公鸡被捉，石秀、杨雄为救时迁，惹得梁山好汉三打祝家庄，救了时迁。后杨雄在征讨方腊的途中病死。

当今世界足坛也有一位球星，和杨雄一样，被人戴了绿帽子，此君就是英超曼城队的英国后卫布里奇。说到此事，不得不提最近炒得沸沸扬扬的特里偷妻案，特里曾是英格兰和切尔西的双料队长，也是布里奇的至交好友，但就这样一位本来应该成为楷模的人，在布里奇背后捅了刀子，与布里奇的法国模特女友瓦内萨偷情。

此事一出，带来了两个极其严重的后果。第一是丑闻始作俑者特里被剥夺了英格兰队长的职务。其次，布里奇因为这件事情宣布退出英格兰国家队。英格兰主帅卡佩罗曾多次劝布里奇回心转意，但是到现在为止还没有任何消息表明布里奇有可能重回三狮军团。

当然，与杨雄杀妻相比，布里奇并没有什么过分的举动，只是在今年英超比赛曼城对阵切尔西的比赛中，拒绝和特里握手。这张照片后来被媒体大炒特炒，当然，几乎所有的人都会支持布里奇的举动，就像霹雳火特维斯所云：要在阿根廷，特里早被人打死了！

神行太保戴宗　沃尔科特

我第一次看的武侠片好像是《射雕英雄传》。大侠都跟仙人一样，飞来飞去。当然，这里面有艺术夸张的成分，哪有那么神啊？但是很多古代的好汉确实有飞檐走壁的功夫，水浒中的戴宗就是其中的翘楚。

戴宗原来是江州知府蔡九手下的两院节级。宋江在浔阳楼写下反诗，蔡九令戴宗前去捉拿宋江，戴宗让宋江披头散发，把屎尿泼在身上，装疯以逃过捉拿。戴宗与吴用是旧交，自幼练就了一身行走如飞的功夫，人称“神行太保”。戴宗被蔡九派往京城送礼给父亲蔡京，却在梁山泊朱贵开的酒店中，被人下蒙汗药逮住。在梁山，吴用用计让人模仿蔡京笔迹写成假文书来救宋江，不料一时疏忽，在图章上出了纰漏，连累戴宗也被陷在狱中。后来戴宗被梁山好汉从法场上救出，上了梁山，做了总探声息头领，排梁山好汉第二十位。受招安后被封兖州府都统制，戴宗不接受，到泰安岳庙陪堂，了此一生。

与梁山好汉相比，足球球星不会飞檐走壁，但他们也有自己的轻功，那就是过人的速度。有个球星和戴院长一样，有令人拍案叫绝的速度。他就是阿森纳的边锋沃尔科特。

沃尔科特，以16岁143天的纪录成为南安普敦队史上最年轻的出场球员。而后，沃尔科特被温格以1200万英镑买入，成为枪手的一员。2006年，英格兰主帅埃里克森将沃尔科特选入英格兰队，但是从未获得一分钟的出场时间。

看沃尔科特的比赛就一个感觉——这个小孩如果去跑一百米短跑说不准

可以给博尔特制造点麻烦。速度是这位天才的立身之本。尤其是在反击时，很多边后卫空跑都追不上带球跑的沃尔科特，颇有戴院长日行一千、夜走八百的本事。

戴宗最出名的事情就是为了救宋江，利用自己迅捷的身手奔波于汴京和梁山之间，而且能不漏声色，时间也能对上。但是由于一个疏忽，搞错了图章，最终功败垂成。沃尔科特也是如此，速度奇快，每次都能凭借速度强吃对方后卫，但是在关键的一传或者一射环节就不行了。假若沃尔科特能通过时光机与戴院长相识，一定会感慨：“咱们都有过人的本事，但都在细节上出了问题，真是不甘心啊！”

本届英格兰队球星云集，鲁尼、杰拉德等人都是可以凭借个人能力就能改变比赛走势的巨星，但是沃尔科特这种改变球队打法节奏的奇才也是必不可少的，希望小老虎能助三狮军团走得更远。

大刀关胜　赖特·菲利普斯

古代人十分讲究出身，将门出虎子，出生名门望族就意味着先天占有优势。水浒中的关胜是三国名将关羽的后代，使一把青龙偃月刀，精通兵法。关胜原来是蒲东的巡检，后被蔡太师调往梁山泊攻打宋江。关胜一人大战林冲、秦明两人，且不落下风。呼延灼用假投降的办法引关胜兵马进入宋江的大寨，被挠挂钩拖下马鞍活捉。关胜觉得宋江有胆识重义气，便归顺了梁山。关胜在梁山泊英雄中排马军五虎将第一位。

关胜虽然武功厉害，但很多人对他的了解不多，只知道他是关羽的后人，感觉是名气多于实力，相比林冲、花荣等武将少了很多让人津津乐道的大事。放眼世界足坛也有这么一位球星，他就是英格兰的赖特·菲利普斯，此君在当今足坛一直不温不火。但是提到他的先辈和养父，那是无人不知无人不晓，他就是前阿森纳的主力前锋——伊恩·赖特，此君是英超名宿，名气超大。

小赖特出道于曼城，当年被誉为贝克汉姆接班人，天赋异禀。怎奈背上了个养父的盛名，压力陡增，加盟蓝军以后也频繁遭遇各方面的压力，最终又回到了曼城母队。小赖特若是有幸与关胜青梅煮酒论英雄，肯定感慨，怎么咱们都有了个这样的先辈啊，一点忙帮不上，还给了咱这么大压力，真是不幸啊！

两头蛇解珍　里奥·费迪南德

水浒中的亲生兄弟众多，本来嘛，古代英雄好汉讲的就是打虎亲兄弟，上阵父子兵。解珍、解宝兄弟就是当中的代表人物。解珍、解宝兄弟俩原是登州第一猎户。登州城外山上出现了猛虎，知府衙门限猎户三天内将猛虎捉住。解珍兄弟俩在山上埋下了窝弓，射中一只老虎，不料那老虎却滚进了毛太公家后花园。兄弟俩去取虎，反被毛太公的儿子毛仲义叫差人绑了，下到死牢里。管牢房的乐和告诉顾大嫂、孙新，他们与孙立、邹渊、邹润叔侄，救出解珍兄弟，投奔梁山。兄弟俩守梁山山前南路第一关，解珍为步军第九名头领，排梁山好汉第三十四位。攻打方腊南军时，解珍兄弟夜晚从小路上山，解珍被南军挠钩搭住发髻，解珍割断发髻，从百丈高崖坠下身亡。

当今世界足坛兄弟兵很多，和解珍、解宝兄弟很像的当属费迪南德兄弟。提到费迪南德，几乎所有人先想到的是效力于红魔曼联的英格兰现任队长里奥·费迪南德。此君成名于西汉姆联，而后被利兹联以创纪录的转会费买入。2002年夏天，他转会曼联，成为英格兰身价最高的后卫。

后人对解珍有过这么一段描写：硬弓开满月，强弩蹬车。浑铁钢叉无敌手，纵横谁敢拦遮，怒时肝胆尽横斜。可见解珍武功之高和脾气之急躁。作为球员，费迪南德身体素质出色，头球和脚下的防守技术都堪称一流，很多时候还能从后场带球直扑前场，给队友传出好球，打乱对手的防线部署。当然与解珍一样，费队也是急脾气一个。在维迪奇没有加盟前，费迪南德的中后卫搭档不固定，经常见他动不动对着后卫布朗怒目而视，那场景估计和解珍差不了多少。

解珍本来是登州第一猎户，为何要上梁山？因为得罪了毛太公。而费迪南德也得罪了一位足坛的太公。他就是英格兰前主帅埃里克森。当年费迪南德因为错过药检被停赛。这可苦了曼联队的拥趸和教练，弗爵爷可算是求爷爷告奶奶，但就是没把费队拉回来。而深受其害的不光是曼联队，英格兰队也受了很大的影响。但是埃里克森可没有弗爵爷那么好心，不但声称支持国际足联的处罚，还写书说费队不过尔尔之类的话，惹得费队真是无奈。

水浒中对解珍的评价是有些小聪明，但做事欠周详，费队也是如此，经常在比赛中开小差。

解珍的兄弟解宝也是梁山好汉，同哥哥一样打扮，穿虎皮套袄，提一把钢叉。兄弟俩出成双，死成对，作战英勇。解宝被封为梁山步军第十名头领，外号“双尾蝎”，排梁山第三十五条好汉。征讨方腊时，哥哥解珍坠崖身亡。解宝见状，急退下山去，不料山上滚石乱箭齐下，解宝被活活砸死在乱山丛中。

因为两兄弟太像了，而且出场都在一起，以至于单独描写解宝的文字都很少，只知道此君外号“双尾蝎”，手持一把钢叉。解宝的对应人物肯定是里奥·费迪南德的弟弟安顿·费迪南德。如果说肯尼迪和布什是美国的政界名门望族，那费迪南德真可算得是英格兰足坛的一大豪门了。前英格兰代表队前锋莱斯·费迪南德是里奥的叔父，而安顿·费迪南德又在西汉姆踢出了名堂。当然，比起哥哥来，小费同学还是有很多不足。

解氏兄弟得罪了毛太公，大费得罪了埃里克森。而小费呢？貌似也没得到什么好处。埃里克森先生曾经出过一本书，里面提到了费迪南德兄弟，当中，他明确指出大费的不是，还不忘调侃一句，大费同学还不如小费呢！此言一出，引起了轩然大波。埃里克森一向是惹是生非的媒体红人，经常上《太阳报》的头条。

这两位兄弟天天被这么一位绯闻争议缠身的教练谈论着，你想他的结局能好吗？以至于小费同学虽然一直表现不错，但是一直没有机会入选三狮军团，真是可惜。

井木犴郝思文　欧文

一部《水浒传》，看上下半部的心情是完全不同的，上部各路英雄齐聚义，大碗喝酒，大口吃肉。下半部则凄凄惨惨，尤其是征讨方腊时，好汉们一个比一个死得惨，十损七八，那场面让读者都不忍再多看一眼。我认为死得最凄惨的当属地雄星井木犴郝思文。在攻打杭州之时，郝思文被捉入城，第二日头颅就悬挂在城楼之上。别的好汉起码是战死沙场，还能落个全尸，而郝思文连个全尸都没有。

郝思文，江湖人称井木犴，这本是二十八星宿中南方朱雀七星中的一名。年少之时，他满怀抱负，立志报效君王。当今世界足坛也有一位巨星和他非常相似，他就是曼联队英格兰前锋迈克尔·欧文。

迈克尔·欧文，一位与齐达内、罗纳尔多同一时代的巨星，曾经的欧洲足球先生。1997年，年仅17岁143天的欧文首次代表利物浦参加职业联赛就取得进球。在法国世界杯对阵英格兰的宿敌阿根廷队时，迈克尔横空出世，一记长途奔袭射进了无比精彩的一球，使得他一夜之间成为了世界足坛的天之骄子。

而后几个赛季，欧文的球技随着年龄的增长而渐入佳境。2001年，欧文为利物浦取得英格兰联赛杯、英格兰足总杯、欧洲足协杯及欧洲超霸杯。在世界杯外围赛英格兰对德国队的比赛中，欧文更是神奇地连中三元，帮助英格兰以5∶1大胜德国队，并协助英格兰顺利地以小组第一的成绩打入2002年世界杯决赛圈。同年，欧文加冕欧洲足球先生，达到了事业的巅峰。

但是与郝思文一样，欧文更像是一颗流星，终究没能持续闪耀。频繁的伤病折磨着迈克尔，转会皇马更成为欧文足球事业的转折点。从此，我们很难再看到那个让后卫闻风丧胆的杀手，失去了速度的欧文，只能扮演机会主义者的角色，不再是那个在球场上飞奔的风之子了。

老帅博比·罗布森曾说过：欧文用他自己的行动证明了他将像克鲁伊夫、马拉多纳和贝利一样对世界足球产生巨大的影响。而贝利更是认为他和罗纳尔多一样出色，但是这些评价都只能留在记忆当中。

春去冬来，时光飞逝，到了2009年，欧文为了自己的第四次世界杯，加盟红魔曼联，勤奋训练，让素来严格要求的弗格森爵士都为之动容。为了获得卡佩罗的青睐，欧文抓紧一切机会表现自己。就像郝思文一样，无论是攻打梁山，还是代表梁山打方腊，都是抱着置于死地而后生的决心的。但是，命运和他开了一个玩笑。在卡佩罗的注视下，欧文在联赛杯上刚刚打入一球，就不小心弄伤了腹股沟，必须手术，他的世界杯梦想也从此破灭了。

出师未捷身先死，长使英雄泪满襟。这句话形容欧文最合适不过了。在世界杯赛场上，我们再也看不到迈克尔了。

铁面孔目裴宣　法比奥·卡佩罗

古今中外，总有一些刚正不阿的人，因为自己的正直得罪一些小人而受到排挤。水浒中的地正星铁面孔目裴宣就是其中一位。因为得罪了知府，裴宣惨遭发配，路过饮马川，被邓飞、孟康救下，推举为饮马川寨主。后在戴宗、杨林举荐之下，裴宣入伙梁山，做了定功赏罚军政司官员，一如既往地不谙人情世故，坚持原则。宋江也算是知人善用，众多兄弟情深，但是规矩不能破，还真得来这么一位绩效考核专员兼纪委书记。

当今国际足坛也有位铁面判官，此人就是英格兰队的意大利籍主帅法比奥·卡佩罗。卡佩罗球员时代效力于意甲罗马、尤文等豪门，为意大利出赛32场国际比赛。卡佩罗是公认的金牌教练。他在AC米兰开始职业生涯，获得四次意甲冠军和一次欧洲冠军杯冠军。之后，卡佩罗两进两出皇马，也都拿了冠军。在意甲的罗马和尤文，卡佩罗也有不错的成绩，圆了巴蒂多年的冠军梦。由此可见，卡帅的执教能力是绝对一流的。

卡佩罗给人第一印象就是不苟言笑，即使球队大胜，也很难看见卡帅的笑容。与传统的意大利教练如里皮相比，卡帅是显得过于严肃了。

但是，不少专业人士都认为卡帅是近十几年来英格兰帅位最优秀和最合适的人选。首先是知人善用，合理使用球员，用人用其长，像赫斯基进球不多，但是可以为鲁尼做好掩护，而且非常善于配合，有助攻王的美誉。卡帅就毫不犹豫地给了赫斯基主力位置。其次，解决了双德问题，杰拉德和兰帕德这两位大腕，一直让主帅难以协调好，但是卡佩罗轻描淡写地就给解决了。

梁山中好汉众多，难免参差不齐，这个军功赏罚军政司说大不大，但是他必须要维护所有人的利益，那就需要做到公正公平。在这一点上，裴宣做得不错。英格兰一向自诩为现代足球鼻祖，一直以来都很高傲，但是近两年战绩一般，卡帅的到来给了他们希望。卡佩罗从严治军，身先士卒，一视同仁，在球员中建立了很高的威信。

一直以来，英格兰的太太团因为过于招摇，成为很多媒体口诛笔伐英格兰队的首选素材。但是在卡佩罗的坚持下，杰拉德已经宣布不带太太团同去南非。这件事可以看出卡帅对球队的绝对控制力。特里上演偷妻门后，卡佩罗就当机立断，撤消了特里的队长资格，没让此事影响球队的备战进度，此事可以看出卡帅的一视同仁。

火眼狻猊邓飞　乔科尔

古代时，很多神兽都被老百姓当成可以降妖除魔、除暴安良的大英雄，这也就是很多梁山好汉都有此类外号的原因。地阖星火眼狻猊邓飞就是如此。邓飞不堪受领导的欺负，一怒之下杀了狗官，在饮马川落草为寇。后来邓飞与石秀、杨雄等人一起上了梁山，受封马军小彪将兼远探出哨头领第十名。

狻猊，形似狮子，传说中龙生的九子之一，排行老五。佛祖觉得不错，就收下当了坐骑。一夜之间，狻猊就成了攀上枝头的凤凰，一举成名了。邓飞出场时也是万般威猛，怒杀提调官，可后来越来越平庸，成了滥竽充数的小角色，没有什么值得大书特书的亮点。这倒也符合他的绰号，借人家的香火吞云吐雾，靠的是佛祖的恩惠，有点儿狐假虎威的意思。当今世界足坛有一位球星和邓飞一样，也是善于大树底下好乘凉的高手，他就是英超豪门切尔西的中场球星乔科尔。

乔科尔出道于西汉姆联队，被众多英格兰球迷视为希望之星。他拥有出众的控球能力，在整体略显粗糙的英格兰中场中独树一帜，经常凭借盘带和内切为球队打开胜利之门。乔科尔加盟切尔西后，在球星云集的蓝军中苦苦争夺着主力位置。在几场比赛中的关键入球令其保住了自己的位置。乔科尔也成为了主帅穆里尼奥战术体系中不可或缺的一分子。

更加难能可贵的是，作为右脚球员的乔科尔，还有很好的左脚技术。英格兰一直缺乏左边路好手，这是球队的一个巨大短板。而乔科尔就被英格兰前主帅埃里克森看成了解决英格兰左路问题的最佳答案。当然，乔科尔也不是完美的，他最大的问题是和邓飞一样，太依赖别人的帮助。在切尔西，有兰帕德、德罗巴、埃辛等猛将，他们都把防守队员吸引走了，乔科尔才能从容地展示才艺。而一旦让他独挑大梁就不行了。2010年欧冠1/8决赛，切尔西对阵国米，双方本来僵持不下，教练用乔科尔换下巴拉克后，战局立刻发生了改变。切尔西没有出众的拼抢，缺乏致命的一传，更没有独挡一面的王者之气，最终国米凭借埃托奥的一球绝杀切尔西。赛后，众多专家都评价这次换人十分欠考虑，是比赛的胜负手，是大大的败笔。

在英格兰队也是如此，乔科尔在面对弱队时，顺风顺水。但是一遇到强队，需要他救球队于水火时，又显得差那么一点儿。

可见乔科尔只能锦上添花，很少能雪中送炭。

白花蛇杨春　迪福

地隐星白花蛇杨春，此君蒲州解良人氏，使一口大杆刀，武艺精熟，江湖人称“白花蛇”。杨春出道于少华山，后随史进入伙梁山，做了梁山泊第十四名马军小彪将兼先锋营都统。

蛇的瞬时启动速度非常快，往往能给对手致命一击。当今世界足坛也有位巨星和白花蛇杨春一样，能瞬间给对手以致命打击，他就是英超托特纳姆热刺队的前锋迪福。

迪福出道于查尔顿训练营，速度和技术兼具，是名善于把握门前机会的射手，一对一时信心十足。当欧文已经年华老去时，谁还能胜任英格兰快速反击的排头兵？答案肯定是迪福，卡佩罗选的也是迪福。在各大媒体强烈呼吁要重招欧文的时候，为何卡帅岿然不动？因为他有更年轻的迪福。没人会忘了曾经数次单骑救主的欧文，但是年华老去，新人辈出，这是客观规律，谁也不能阻挡。

2009年11月22日，热刺坐镇主场大开杀戒，下半时狂进8球，最终以9∶1的比分将威根碾成齑粉。迪福一手主导了这场大屠杀，并成为安迪·科尔和希勒之后，英超第3位单场独中五元的球员。威根成了白蛇迪福口中的大餐，这场比赛也基本预订了他去往南非的机票。

在欧文确定无缘世界杯后，迪福担负起了为英格兰攻城拔寨的重任，他将肩负起为鲁尼分担重任的职责。这是他第一次参加世界杯，我们祝愿他能像欧文在1998年世界杯上一样，为英格兰取得更多的进球。

操刀鬼曹正　兰帕德

以前读书的时候听过庖丁解牛的故事，不由赞叹那个屠夫的精彩技艺。水浒中也有位从事此行当的高手，他便是地羁星操刀鬼曹正。此君出身屠户世家，杀猪剥牛手段极好。杨志在黄泥冈被劫了生辰纲，走到曹正的酒店吃酒无钱付账，与曹正不打不相识。曹正用计将杨志、鲁智深送上二龙山，鲁智深杀了山主邓龙，和杨志做了寨主。后来曹正随杨志、鲁智深、武松、施恩一起归顺了梁山泊。

曹正绰号叫操刀鬼，可见他的刀法纯熟，已经到了炉火纯青的地步。当今世界足坛也有位厉害的操刀手，当然他操的不是刀，而是主罚任意球和点球，他就是切尔西的英格兰中场兰帕德。

1978年6月20日，在英格兰一个小镇的医院，年轻的爸爸指着襁褓中的儿子对护士小姐说："我的儿子有一天将成为英格兰最有名的球星。"

护士听了不屑一顾："是吗？那他现在能为我签名吗？"如果现在那名护士还记得当年这段对话的话，她一定会感到羞愧，因为那个连哭都不会婴儿，已经成了英格兰足球的一面旗帜，他就是兰帕德。

兰帕德，出道于西汉姆联，在切尔西大放异彩。随着阿布入主切尔西，当年跟兰帕德并肩作战的"老兵"几乎一个不剩，兰帕德不仅留了下来，还成为了切尔西的灵魂人物。正所谓：沧海横流方显英雄本色。

兰帕德作为新时代的全能型中场，比控球没有齐达内那般出神入化，比技术不如小罗那般花哨，比速度不如罗本那般风驰电掣，但综合起来，他是最全面的：高效的拦截，犀利的前插远射，简练的盘带，让他成为实用型的中场悍将。

兰帕德擅长大力任意球和点球，每次射门都能威胁对方球门，就像曹正一样，而对方门将就好比那待宰的牛羊一样可怜。兰帕德是铁人，一个不知休息为何物的钢铁战士，他的成功更多地来自自己日复一日的苦练。年少时，兰帕德总是最后一个离开球场，成名后他依然坚持健康的生活方式。他是所有球员的楷模，让人敬佩。

困扰历届英格兰主帅的一大难题，就是如何实现双德（杰拉德和兰帕德）统一，直到卡佩罗的到来，合理安排了兰帕德和杰拉德的攻防分工，才算暂时让双德统一。以前是两人都不肯干脏活累活，现在是兰帕德更多后撤帮助防守，使得英格兰队攻防达到平衡。世界杯上三狮军团能否走得更远，兰帕德的发挥将起着决定性的作用。

摸着天杜迁　克劳奇

古代小说中对很多人的描写都带有夸张的性质，尤其在人的身高上面，动不动就身高过丈，古代人都比姚明要高吗？水浒中就有这么一位被称之为身高过丈的，他就是地妖星摸着天杜迁。此君是梁山泊的元老，第一个上梁山的好汉。因为身长猿臂，人称“摸着天”。早先同王伦、宋万、朱贵一齐占山为王，本事平平，武艺一般。

这个杜迁的特点就是高，当今世界足坛也有位高人，而且高得离谱，简直就是篮球运动员的身高。他就是英超热刺的英格兰前锋瘦竹竿克劳奇。

如果不出意外的话，身高202厘米的克劳奇将是南非世界杯上身材最高的球员。此君出身于热刺队的青训系统，在皇家园林巡游者队崭露头角，也为利物浦这种豪门球队效力过。四处漂泊的瘦竹竿到了哪都是一道独特的风景，毕竟身高摆在那，想不引人注目都难。

克劳奇在英格兰国家队只能作为替补中锋出场，但37场20球的进球率已属不错，可怕的是，他的作用更多在于掩护牵制而非进球。他巨人的身高令防守者恐惧，护球技术令防守者无奈，亮光一闪的射门让人胆寒。可以说，克劳奇是英格兰主帅卡佩罗手中的一张王牌，只要用好了，一定能起到特殊的效果。

很多人在预测谁和鲁尼搭档英格兰的锋线时，有的说赫斯基，有的说迪福，还有不少人说是克劳奇。我认为，克劳奇最好还是替补出战，他的缺点是身体太过于瘦弱，只有替补上场，在对方体能下降的时候，才能起到出奇制胜的效果。就像杜迁一样，隐藏在众好汉的身后，不是挺好的吗？

德国世界杯，克劳奇就是奇兵。四年之后，我们期待着他能给我们更多的惊喜，祝三狮军团走得更远。

旱地忽律朱贵　阿什利·科尔

水浒中的情报官真不少，这些人没有那些战将们的勇猛，但是起的作用却是不可低估的，地囚星旱地忽律朱贵就是当中的翘楚之一。林冲上梁山时，在梁山脚下一酒店里遇到朱贵。此君是梁山王伦手下的耳目，江湖上叫“旱地忽律”。朱贵以开酒店为名，专门探听往来客商的消息。凡有上梁山之人，朱贵便向湖对面的港湾里射一枝响箭，对面便摇出一艘快船过来。王伦被林冲杀死后，朱贵依旧替梁山开酒店打探消息。

忽律是鳄鱼的意思，在旱地上活动的鳄鱼，让人看了就不寒而栗，但是旱地的鳄鱼虽然看着吓人，但是比在水里好对付。正巧了，当今世界足坛就有那么一位，干了坏事被全世界的人唾弃，他就是英超切尔西的英格兰左后卫阿什利·科尔。

阿什利·科尔刚出道时，就成为英格兰左后卫的不二人选，2002年世界杯上，面对当时世界上攻击力最强的阿根廷队，科尔毫不畏惧，将对方的右边锋小毛驴奥尔特加盯得死死的，那场比赛也成为他的经典战役之一。

科尔有着南美球员一样细腻的技术，同时具备英格兰球员拼抢凶狠、卡位准确的特点，攻守兼备，不但防守上积极强悍，在进攻中更是冲劲十足，常常成为球队出奇制胜的法宝。科尔在阿森纳的几年都很成功，但是转会切尔西后，尤其是遇上了老大哥特里之后，就开始了他的悲惨生活。

与很多球星一样，科尔也有位美艳绝伦的老婆——拥有天使脸孔和魔鬼身材的谢莉尔，一直是媒体关注的焦点。作为“高歌女孩”的主唱，谢莉尔的嘴皮子够厉害，除了给听众奉献美妙的歌曲，她的名言“丈夫的可信度还不如一条狗”也广为流传。这也不能怪谢莉尔言语刻薄，谁叫她的老公是个到处留情的花花公子呢?

按理说，有这么位神仙般的娇妻，还出去浪荡干什么？没辙，在科尔看来，家花总是不如野花香，所以他常常背着谢莉尔偷情。科尔最终的结局真是凄惨，数次给老婆赔罪得到的答复都是——你出局了，必须离婚，而且必须净身出户。这让科尔真正体会到了什么叫做偷鸡不成蚀把米和自作自受。

英格兰球员有偷情行为的不在少数，小贝也干过，当然意淫为主，特里更是因为偷妻门丢了队长袖标。

科尔要是有机会和朱贵碰面，肯定会被臭骂一顿：你真是笨蛋，偷都不会偷，还是老实点吧。

笑面虎朱富　特里

笑面虎表面上笑容可掬，暗地里捅刀子，这种人一直为人所不齿。梁山泊就有这么一位笑面虎，他就是地藏星笑面虎朱富。朱富是朱贵的弟弟，善使暗器。李逵下山接老母，宋江派朱贵前往暗中照顾李逵。李逵在沂岭杀虎后，被曹太公用酒灌醉捉住。朱富、朱贵煮了许多肉，拌了药，在酒里也下了药，放倒了押解李逵的兵士，救出李逵，同师傅李云、李逵一起上了梁山。

对于笑面虎这种人，你可得躲远点。但这种人无处不在，足坛也不例外。阿什利·科尔的大哥，前英格兰队队长特里就是。

特里曾经一直是英格兰的骄傲，自出道就被誉为亚当斯的接班人。几年的磨炼，让他取得了比亚当斯更加辉煌的成就——两次英超冠军，四次足总杯冠军，一次欧冠联赛亚军。04/05赛季，他被票选为英超年度最佳球员。这是切尔西历史上的第一个。

特里不仅在防守上表现出色，还多次利用身高和头球技术，用头球绝杀对手。作为英格兰队长，他用他自己的独特方法鼓舞着队员。但这都是偷嫂门事件发生前的特里，现在没有人再认同他的为人。他肯定明白了中国一句老话——一失足成千古恨。

作为英格兰代表队的队长，特里竟与前切尔西和英格兰队队友布里奇的前女友，法国模特瓦内萨·佩隆塞尔有染！身为公众人物，特里在场外的丑行对英格兰足球带来了恶劣的负面影响，结果被卡佩罗强行解除队长职务。在曼城对阵切尔西的比赛中，特里遭遇了他职业生涯以来最尴尬的一幕，双方赛前握手的时候，想和布里奇握手，结果人家理都没理他。他的手放在空中，尴尬得要死。

特里，您真该学习学习朱富兄弟，人家也是虚伪，也是笑里藏刀，人家怎么就不被鄙视，学习学习吧！

铁臂膊蔡福　加里·内维尔

有一种兄弟，长得差不多，干的活差不多，性格差不多，简直就是一个模子刻出来的。水浒中的就有这么两位，地平星铁臂膊蔡福和地损星一枝花蔡庆。

蔡福，原为大名府两院押狱兼行刑刽子手，此君劈刀砍头技艺娴熟，人呼“铁臂膊”，和弟弟蔡庆都是干杀人行刑看牢子这一行的。梁中书受李固之托要杀卢俊义，石秀独身劫法场。而后梁山人马攻打大名府时，蔡福、蔡庆兄弟就上了梁山。

蔡福人称铁臂膊，可见臂力惊人，他也经常拿来炫耀。当今国际足坛也有位球星，和蔡福很像，他就是曼联队的英格兰铁卫加里·内维尔。

加里·内维尔一生只效力过一家俱乐部，那就是曼联。十几年来风雨无阻，像一个守护神一样守卫着老特拉福德球场。内维尔的特点是防守稳健，助攻恰到好处，有一脚出色的传中球。当年在曼联，内维尔最好的朋友是贝克汉姆。小贝和辣妹结婚时，内维尔是伴郎。两人在右边路极有默契，是曼联1999年夺取三冠王的主力。

每次球队遇到困难，都是加里·内维尔站出来，振臂高呼，鼓舞大家的士气。这只铁臂膊撑起了一支球队，能代表一种精神，那就是永远打不垮的曼联精神。

蔡福救了卢俊义的命，而卢俊义对应的正是贝克汉姆。小贝离开曼联后，他和内维尔兄弟的感情从没有改变过。在小贝代表AC米兰来到老特拉福德的时候，比赛结束后，内维尔热情地与小贝打招呼，给他一个兄弟般的熊抱，告诉他：“你永远是曼联的儿子，我们都不会忘记你。”

一枝花蔡庆　菲尔·内维尔

说完了地平星铁臂膊蔡福，接下来自然是地损星一枝花蔡庆。蔡庆是蔡福的弟弟，大名府专管牢狱的小押狱，是个有名的刽子手。他生来爱戴一枝花，命运和哥哥完全相似，最后也是上了梁山。

蔡庆对应的是大内维尔，蔡福正好对应的是加里·内维尔的弟弟菲尔·内维尔。兄弟俩同样出自曼联青训营，但是弟弟很少能保住首发位置。

菲尔·内维尔是一名技术全面的防守球员，可以担任左右边后卫，而且在后腰位置上也有不错的发挥，曾被誉为全能球员。虽然从能力上来说可以称得上是一枝花，但是最终结果是落花有意流水无情。每次老人远走，都会有新人来。丹尼斯·欧文走了，又来了西尔维斯特、小将奥谢。在后腰这个位置也难以有稳定的位置。后来，菲尔远走埃弗顿，在那里成为了绝对主力，并且重返国家队。

与蔡福、蔡庆在梁山一样，内维尔兄弟在英格兰的地位有点儿边缘化。他们都在默默地奉献自己的力量。即使他们都双双去不成世界杯，也可以趁着比赛多陪陪家人和孩子，也算是共享天伦之乐了。

4 PART

意大利

梦醒时分，伊人已老

夕阳无限好，只是近黄昏。作为卫冕冠军，这届蓝衫军团几乎就是上届冠军队的翻版。门将布冯、中后卫队长卡纳瓦罗和中场皮尔洛依然是这支蓝衣军团的脊梁，但是逝去的青春是谁也无法阻挡的，他们都集体老了四岁，与一帮后生晚辈们竞争，难免有些凄凉。皮尔洛纵使有“没羽箭”张清那般无敌的暗器，也难挡岁月的蹉跎。当我们一觉醒来的时候，会发现时间仿佛停止了，这些面孔还是那样的熟悉，但是伊人已老。这届意大利队到底是老而弥坚，还是真的伊人已老，让我们去共同见证。

没羽箭张清　皮尔洛

飞石并不是什么常规的武器，与刀枪剑戟、斧钺钩叉相比，显得有些山寨。但是用好了，一样可以出奇制胜。张清，梁山泊第十六条好汉。宋江和卢俊义抓阄攻打东平、东昌二府，东昌府猛将张清，善用飞石打人，百发百中，人称“没羽箭”。张清用飞石先后打伤徐宁、燕顺、韩滔、彭玘、呼延灼、刘唐、杨志、朱仝、雷横、关胜等十五员战将。后吴用用计将其逼入水中，被水军头领阮氏三兄弟捉住，归降梁山。征讨方腊时，张清攻打独松关，与厉天闰交战时，一枪搠在松树上，一时又拔不出，被厉天闰一枪刺中腹部而死。

飞石的厉害在于突然性和隐蔽性，能在无形中伤人，让人防不胜防。当今世界足坛也有一位与张清一样的同道中人。他就是AC米兰和意大利的中场核心皮尔洛。皮尔洛有雷东多般的优雅飘逸，又兼具埃默森那样的勤奋耐劳，是当今足坛为数不多的技术型后腰。

自巴乔之后，意大利再没有出过如此的天才，托蒂略显过硬，皮耶罗又显得太软。皮尔洛有着出色的领袖气质，他是真正的大师级的球星。

皮尔洛自创的电梯任意球成为了很多门将的梦魇。“皮尔洛的任意球很怪，我看到皮球飞向我的左边，我试图向这一侧移动，但它突然变向，从我的另一侧飞进了球网。再给我一次机会的话，我一定不会提前移动……”莱切门将西奇尼亚诺在被皮尔洛的任意球攻破了球门后这样说。除了一脚精彩的任意球外，皮尔洛还能传出一脚手术刀般精准的妙传，每每AC米兰遭遇困难时，皮尔洛总能挺身而出，救球队于危难之际。

中国向来不把文身视为一种高尚的行为，深究起来，和中国人的传统观念有关。中国人常说，身体发肤，受之父母，不敢毁伤。水浒传中的史进全身刺了九条青龙，江湖人称“九纹龙”，可算是个敢于突破传统观念的先锋潮人。史进是华阴县史家庄史太公的儿子，从小喜欢舞枪弄棒。东京八十万禁军教头王进遭高俅陷害，携老母逃往延安府，路过史家庄时老母病倒，王进就住在史家庄教史进武艺。史进打败了在家乡附近少华山上当强盗的好汉朱武、陈达、杨春，结识了不少好汉。不料猎户李吉告了官，华阴县令派兵围了史家庄，史进和朱武、陈达、杨春一起杀退了官兵，上了少华山。归降梁山后，史进排梁山英雄第二十三位，征讨方腊时战死。

欧美觉得文身是一种装饰，就像戴耳环、戴首饰一样，文身也可以更多地表现出他们的内心、他们的爱好、他们的个性等等，已经融入他们的文化了。当今世界足坛，有文身的球员比比皆是，国际米兰的意大利后卫马特拉齐就是典型。

提到马特拉齐，人们很容易想到在2006年世界杯决赛中，齐达内的那惊天一头槌。那场景是马特拉齐的经典一幕。他与齐达内之间到底说过什么，已成为一个悬案。

作为中后卫，马特拉齐高大强壮，动作凶猛，头球好，空中优势明显。马特拉齐属于攻防兼备型球员，在意甲和英超的每个赛季都有进球。00/01赛季，作为佩鲁贾队长，马特拉齐攻进12球，成为当时意甲进球最多的后卫。因为有在英超打拼的经历，马特拉齐的防守颇有英超球员的味道，非常凶狠。除此之外，马特拉齐还以脾气火暴著称，冲突、伤人、受伤、红黄牌对马特拉齐而言都是家常便饭。

这一点和史进很像。史进出身名门望族，自小就是狂妄之人，好勇斗狠，拜过很多师傅，包括打虎将李忠，学的却是花枪花棒。后来跟着王进学了半年，才算学得真本事。马特拉齐也是到处拜师学艺，他的职业生涯遍及英超、意甲的多支球队。

马特拉齐在世界杯上的表现总体来说是不错的，但是毕竟岁月不饶人，现在的马特拉齐已经难复当年之勇了。

梁山好汉个个都是大英雄，其中也不乏长相俊美的美男。朱仝就是这样一位大帅哥。他原是郓城县巡捕马兵都头，人称“美髯公”，拥有一身好武艺。朱仝为人性情温和，宋江杀了妻子后被朱仝、雷横放走。雷横用枷板打死白秀英被捉，朱仝出于义气放了雷横，随即获罪被发配沧州。沧州知府见朱仝相貌非凡，就让朱仝带着四岁的小衙内玩。黑旋风李逵杀了小衙内，断了朱仝的归路，朱仝被迫上了梁山。

当今世界足坛帅哥很多，年长的像巴乔，成熟的如小贝，年轻的如卡卡，都是很多女球迷心中的偶像。“美髯公”，顾名思义，就是胡子很漂亮。如今，足坛帅哥大多把脸刮得干干净净的，很少有人留胡子，留长发的也不多。但是有位长发的大帅哥特别受女球迷喜爱，他就是意大利和AC米兰的中后卫内斯塔。

内斯塔秉承意大利后卫的优秀传统，位置感强，经常帮助助攻的队友补位，作为球队的中卫十分稳定。抢断虽不算凶狠，但是技术含量高，动作十分干净。187厘米的他头球相当好，很少有失误冒顶。他的心理素质也不错。内斯塔出道于意大利拉齐奥队，在AC米兰赢得欧洲冠军杯。蓝军意大利一向是帅哥的集中营，而内斯塔当真可谓是貌似潘安。而且，他不会像卡纳瓦罗那样冒险地使用倒勾解围，也不会像马尔蒂尼那样插上助攻，但对手一次次的进攻就在平淡中化为乌有了。

此种看似与世无争的性格，更能体现他防守大师的深刻功力，与美髯公的淡定从容是一脉相承的。内斯塔若能有幸与美髯公有所交流，必然能有一番热切的交流，那算得上是英雄惜英雄了。两个低调的人，却在做着不低调的事情。

没遮拦穆弘 卡萨诺

水浒中的好汉大多豪爽，敢作敢当，但是都有个分寸，毕竟这些人大多读过书，都知道仁义礼智信。但是也有那种浑不吝的，穆弘就是其中一位，此君排梁山英雄第二十四位。宋江被发配江州，走到一处集市，见病大虫薛永在使弄枪棒卖艺，便给了五两银子，不想这不经意的举动惹恼了镇上的富二代弟子“没遮拦”穆弘和弟弟“小遮拦”穆春，被追杀逃到浔阳江上，幸亏被“混江龙”李俊所救，又结识了“船火儿”张横、“浪里白条”张顺、童威、童猛等众多好汉。后来梁山好汉劫法场救了宋江、戴宗。穆弘兄弟也同时上了梁山。征讨方腊时，穆弘在途中病死。

当今世界足坛，大嘴巴爱胡说的不少，意大利老顽童卡萨诺就是其中的代表，和穆弘相比，更加是个没遮拦。卡萨诺无疑是当今足球界技术最好的球员之一，年少成名的他是典型的一半是魔鬼、一半是天使的足坛怪才。他成名很早，18岁时就名扬天下。后来，卡萨诺追随卡佩罗和托蒂，并在数年后入选蓝衫军团。每位教练都无不赞扬卡萨诺的才华，但是没有一个能忍受他的坏脾气和大嘴巴。

卡萨诺跟卡佩罗关系不好已经是众人皆知的秘密，但是两人冤家路窄，在卡萨诺被卖到皇马之后，在罗马就结怨的两人居然又成了师徒。开始时，他们之间还算和谐，但好景不长，卡萨诺成了刺头，紧接着被卡佩罗打入冷宫。执教这名老顽童的教练没少挨他的奚落，总之都是别人不对，他老人家从不从自己身上找问题。

水浒中，穆弘元宵夜闹东京和活阎罗阮小七偷御酒的场次，穆弘和史进大放厥词，吓得宋江魂不附体。而卡萨诺也经常发布一些让人倒吸冷气的雷人语录。在转会罗马之初，托蒂跟卡萨诺关系融洽，托蒂关照卡萨诺，而卡萨诺也对托蒂像兄弟一样。但后来两人逐渐势同水火，最终卡萨诺被赶出了罗马。卡萨诺在自传中给出了两人“结梁子”的真相。“有一次我们一起参加一个电视访谈的节目，就我和托蒂两人，但在事后他拿走了80%的出场费，我只有20%。”显然在卡萨诺看来，他跟托蒂产生矛盾的原因在于罗马队长贪财。

穆弘与卡萨诺这两个很不成熟的男人，要是有机会一起坐着谈谈，或许能使一方来个浪子回头金不换。穆弘毕竟是过来人，经历了一次生死，或许能教育一下老顽童：您也不小了，看看人家同时代球星，你成名最早，但是这个脾气成了你的瓶颈，改改吧！

卡萨诺能不能听听这句金玉良言真是不好说，如果能收敛一下，在托蒂逐渐淡出、新人大多顶不上的时候，意大利或许还要依仗这位长不大的孩子，但是这个是个彻头彻尾的小概率事件。

浪里白条张顺　布冯

水浒中众多水军豪杰，个个身手不凡，有他们在，宋朝军队纵有千军万马也难以踏入水泊梁山一步，这当中浪里白条张顺就是一位高手中的高手。张顺，梁山英雄排第三十位，水寨八员头领第三位。话说宋江发配江州，李逵为找下酒鱼大闹渔牙，放跑了渔户的鱼，没料到渔牙的主人张顺赶来，和李逵打了起来，陆地上张顺打不过黑旋风，就到水里打。李逵不知张顺是水中英雄，被浪里白条用水灌了个饱。幸亏戴宗制止，才救了李逵一条性命。梁山英雄劫法场时，张顺和混江龙李俊在江中捉住宋江的仇人黄文炳。高俅攻打梁山，水军头领刘梦龙、牛邦喜分别被李俊、张顺所捉，最后连高俅也被张顺捉拿。张顺顿时名声大振。张顺和胞兄张横分别驻守梁山西南水寨。跟随宋江攻打方腊时，兵马杀到杭州城下，张顺想孤身一人作内应，就潜水向水门游去，不料碰响水帘上挂着的铜铃，惊动南军，从城上把滚石和檑木一齐往下砸，可怜一世水中豪杰，竟被砸死在湖底。死后，魂魄附身于哥哥张横，杀死贼军太子方天定。

张顺作为水军将领主要任务是守护梁山，从他的几次出场来看，此人极善单挑，与李逵的大战，让无敌的黑旋风成了落汤鸡。在足坛中，能将单挑做到如此境界的只有一个位置，那就是门将。门将作为球队中最后一道屏障，起的作用是不容忽视的，好的门将能顶半支球队，这是公认的事实，而当今世界足坛要评选最优秀的门将，估计谁都不会漏掉尤文图斯队的意大利门神布冯。

布冯16岁的时候就代表帕尔马队首次出场，惊艳整个意甲赛场，那时起，佐夫接班人等名号就被冠之于他身上。意大利是个盛产优秀门将的国度，可谓人才辈出，令人羡慕。布冯凭借自己的稳定表现成为了蓝衫军团门将位置的不二人选。

作为门将，布冯有完美的身材，191厘米的身高，让他从不畏惧高球。布冯最擅长封堵对方的射门，尤其是近距离的射门，在一对一的情况下能保持头脑冷静。作为一名世界第一流的门将，他对于一些高难度的救球动作也能信手拈来。他更为重要的长处在于，即便在比赛中犯下错误后，也能立即摆脱心理阴影。

布冯在意大利国家队的生涯可谓跌宕起伏，1998年法国世界杯作为三号门将没有得到表现机会，2002年世界杯遭遇韩国爱国哨只能打道回府，直到2006年德国世界杯，布冯终于凭借完美的发挥夺得世界杯，让自己的事业达到了顶峰。张顺最擅长的是单挑，而布冯除了每场比赛要和对方的进攻队员单挑之外，还做过一件很牛的单挑事件。2006年，意甲豪门尤文图斯因为电话门事件降级，伊布走了，队长卡纳瓦罗走了，但是布冯却留了下来，一个人带着斑马军团又杀了回来，可谓以一己之力救球队于水火之中。

最近意大利众将状态一般，大多数人都不看好他们卫冕，布冯作为核心球员也是无时无刻不在思索球队的问题。一日，布冯在睡梦中被带到了宋朝的水泊梁山，见到了张顺，看了张顺兄的水上技巧，惊为天人。两人立刻攀谈起来，布冯最后忍不住说出了自己的担心，张顺听罢，沉思良久，来到布冯跟前，耳语几句，布冯顿时醍醐灌顶，茅塞顿开。

张顺说的什么？原来，浪里白条让他和他学学水上的功夫，像什么水上漂之类的绝学，以后布冯就可以阻挡住任何对手的攻击了。布冯越想越得意，突然天亮了，原来只是一场梦。

本书中总会有主角和配角之分。水浒中都是英雄好汉，但是也会有些人稍微有点平庸，但是这种平庸不是他们的错，如果都是主角那《水浒传》就成了流水账了。地暗星锦豹子杨林就是这样一位平庸的好汉，没有什么特别出彩的表现，但是能进入一百零八将的榜单，本身就是最好的肯定了。

杨林在水浒中的故事显得那么不起眼，反复回忆也只有与戴宗戴院长的相遇，还有就是探访祝家庄时的被生擒。后世对他的评价就是干事认真，责任心强。这让我想起了一支球队中的队长，队长有时不一定是球队的一号球星，但却必须是最有责任心的人，他的任务是时刻为大家鼓劲，这让我想到了意大利队长卡纳瓦罗。

四年前的德国世界杯，是卡纳瓦罗的巅峰期，那时的卡队真是无所不能，率领意大利队第四次站上世界杯的最高领奖台上，而在决赛，卡纳瓦罗也完成了第100次代表意大利队出场的纪录。同年，卡队获得了世界足球先生和欧洲足球先生的头衔。但是，岁月无情，竞技体育讲的就是不断地吐故纳新，卡队从天上来到了人间，在因伤最后时刻无缘欧洲杯后，状态逐渐下滑，现在的卡队与杨林一样，已经很少能带给我们惊喜了。

虽然状态下滑得厉害，卡队不出意外还是会带领着蓝衫军团出征南非，完成这位老将的第四次世界杯之旅。一日，刚刚在比赛中被后生欺负得很惨的卡队正在生闷气，心想，这个落差也太大了，老子四年前如何如何。突然发现背后有人，转头一看原来是梁山的杨林来了。两位老将来了个对话，杨林劝卡队把心态放平和点，记住一句名言，人在高潮时享受成功，在低潮时享受生活。加油吧！

玉幡竿孟康　里皮

常言道，工欲善其事，必先利其器。水浒中的水军很强，除了战将指挥得力，战士奋勇杀敌外，造战船也很重要。而地满星玉幡竿孟康就是这方面的专家，此君长得人高马大，又极白净，人称“玉幡竿”。

孟康善于制造大小船只，按现在职位来讲就是水浒联盟造船厂厂长。此君过去也是官场中人，与大多数好汉一样，都是受不了贪官的侮辱，一怒之下犯了命案，最后投了梁山。当今世界足坛也有位善于制造战舰的人，当然，他造的不是能乘风破浪的战船，而是可以夺得世界杯的冠军队，他就是现任意大利主帅马塞洛·里皮。

里皮是上世纪90年代意大利最成功的足球教练，在他23年的执教生涯中，几乎夺得了俱乐部教练能够取得的一切荣誉，他的名字一次次跟各种冠军联系在一起，有人甚至在怀疑冠军和胜利是否已经不能打动这名功勋教练了。

对俱乐部荣誉已经无欲无求的里皮在2004年接过意大利国家队的教鞭，任务艰巨，压力很大，因为当时意大利队刚刚在欧洲杯上铩羽而归。里皮受命于危难之际，经过两年多的锤炼，迅速让意大利队走向了正轨。虽然经历2006年的电话门事件，但是球队在面对全世界的质疑声中，变得更加强大，拥有了超强的凝聚力，终于在德国世界杯上夺得了世界杯冠军。这也是意大利队在世界杯历史上的第四次夺冠。

之后，老帅里皮选择了功成身退，他的离去仿佛轮船航行没有了舵手，孤帆夜行没有了灯塔，意大利队又迅速衰落了。2008年6月27日，意大利足协宣布60岁的老帅马塞洛·里皮将再次出任意大利国家队主教练，而这次他将面对更加严峻的考验——

球队的老化不可避免，年轻球员还不够成熟，核心球员如内斯塔和托蒂又不愿意为国效力，但所有的蓝衫军团球迷都有一个共同的信念，只要有里皮在，就有奇迹。

孟康是水浒水军不败神话的缔造者，而里皮是蓝军卫冕冠军的希望所在，希望里皮能带领蓝衫军团卫冕成功。

打虎将李忠　德罗西

水浒中很多好汉都有师徒关系，像武松和施恩，秦明和黄信，等等。也有人师从好几位师父，像九纹龙史进，就先后师从于多位师父。他的开手师父就是地僻星打虎将李忠。

李忠原是江湖上使枪卖药的，路过桃花山时，遭遇周通拦截，李忠打败了周通，上桃花山坐了第一把交椅。呼延灼攻打桃花山，李忠同周通请二龙山鲁智深、杨志、武松相助，后一起归顺了梁山，做了步军将校第八名。

李忠虽是史进的师父，但是排名却比史进差得远了，可见此君虽然武功不错，但是没有什么表现，当然就排名很低了。我把史进比作马特拉齐，真是凑巧，马特拉齐的一位队友正好和李忠很相配，他就是罗马队的意大利中场核心德罗西。

德罗西，土生土长的罗马青训营球星。在罗马效力之初，出任球队的左边前卫，超强的攻守能力让人们有理由相信他能成为一名巨星。后来，德罗西出任球队的后腰，负责全队攻防节奏的控制，大有取代托蒂成为球队新领袖的味道。

在国字号球队中，德罗西很早就入选了意大利青年队和国奥队，并凭借出色的表现，入选了意大利国家队，最终成为德国世界杯国家队的主力球员。他的存在给原本注重收缩防守的国家队中后场注入了更多的技术和进攻因素。

但是或许是太年轻，年少得志的德罗西在与美国的小组赛中肘击对方前锋麦比迪，令后者头破血流，缝了三针，被红牌罚出场。赛后，国际足协原本打算重判他停赛五场，但鉴于德罗西事后公开道歉，加上他以前纪律良好，最终减刑至停赛四场，赶上了世界杯决赛，并罚入点球。

德罗西本来可以在德国世界杯中有很好的表现，但自己的不冷静让一切都付诸东流。而原来的球队替补后卫马特拉齐却因为原主力后卫内斯塔受伤，因祸得福当上了主力，并上演了那记让人无法忘怀的头槌事件。

德罗西和马特拉齐的遭遇就是李忠和史进的故事再现。德罗西要是有机会见一见李忠，两个人一定有说不完的话题，李忠肯定要劝一劝罗马小王子，让他别再犯以前的错误，小王子或许能知耻而后勇，那将是蓝衫军团的福分。

水浒中生得俊俏白净的好汉不多，本来武将也不是靠这个成名的，但有一位好汉却生得貌似潘安，英俊无比，他就是地异星白面郎君郑天寿。

郑天寿原是打银饰的银匠，自小喜欢枪棒，行走江湖。因从清风山过，和王矮虎斗了五六十回合，不分胜败，燕顺见他功夫好，便留他上山，坐上了第三把交椅。

当今世界足坛帅哥可不少，尤其是蓝衫军团，那可是帅哥如云，让女球迷趋之若骛。其中新生代帅哥首推现效力于佛罗伦萨的前锋吉拉迪诺。

吉拉迪诺出道于意甲维琴察，第一次出场时年仅17岁。他成名于帕尔马，连续两个赛季位列联赛射手榜次席，随后这位帕尔马兼意大利青年队的主力前锋迅速走红亚平宁，成为尤文图斯、AC米兰甚至皇马、切尔西等欧洲豪门追逐的对象。再后来，吉拉迪诺转战蓝黑军团，但是表现一般，在板凳上度过了不少时间。为了能赶上南非世界杯，他毅然决定转会佛罗伦萨，投奔恩师普兰德利，并立刻获得了重生。

身高184厘米的吉拉迪诺有着维埃里般结实的体魄，又兼有因扎吉那样良好的意识和敏锐的门前嗅觉，再加上细腻的脚下功夫和清晰的头脑，他在禁区内的威胁极大。吉拉迪诺球风并不十分飘逸，但冲击力十足，无论是头顶、脚踢、抢点、做球，他都完成得如教科书般精准，这样的前锋让所有关心意大利足球的人眼前一亮。

当然，帅气也是他的特质之一，相信在失去小贝和欧文之后，帅哥如云的意大利又会重新成为众多女球迷看球的首选，让我们来关注帅气的吉拉迪诺的表现，看看蓝衫军团能走多远。

花项虎龚旺　加图索

中国人对虎的崇敬之情是溢于言表的，五虎上将，龙腾虎跃，虎虎生威，都是很好的赞美之词。水浒中有位大将就和虎有密切的联系，他就是地捷星花项虎龚旺。

此君原来是张清手下的副将，浑身刺有虎斑，脖子上刺着虎头，在马上会使飞枪。后被林冲、花荣活捉，归降了梁山，封为步军将校第十四名。这个龚旺非常威猛，当今世界足坛也有位巨星和龚旺一样威风八面、凶狠异常，他就是AC米兰的铁血中场加图索。

意大利的球员大多是帅哥，加图索算是当中的异类，满脸的络腮胡子，真有点猛虎的意思。加图索出道于意甲佩鲁贾，后转战苏超，在那里形成了勇猛善战的踢球风格。加盟红黑军团后，加图索正式成长成一位国际球星。

作为不知疲倦、满场奔跑的防守型中场，加图索虽然技术略显粗糙，但积极抢断和顽强作风成为许多教练愿意重用他的理由。更加难能可贵的是，加图索虽然拼抢凶狠，但是脚下非常干净，从来不靠恶意犯规来阻止对方进攻。有他在，整支球队就强硬了起来。每当球队陷于被动的时候，加图索就大声叫喊队友，鼓舞球队的士气，给球队注入一针强心剂。

加图索无论是在AC米兰还是蓝衫军团都要辅佐皮尔洛，而皮尔洛对应的正是没羽箭张清。看来球星早在几百年前就已经心有灵犀一点通了。2006年的德国世界杯，加图索和皮尔洛笑到了最后。这次的南非世界杯一切都不好说，希望加图索能多学习水浒中龚旺的威猛，不要让喜欢他的球迷失望。

中箭虎丁得孙　博列洛

水浒中有很多虎将，其中地速星中箭虎丁得孙就是代表人物之一。丁得孙原是张清手下的一员副将，面颊及全身都有疤痕，会在马上使飞叉。张清与梁山人马交战时，丁得孙被燕青一箭射中马蹄摔下马去，被吕方、郭盛捉了，投降了梁山。

丁得孙被称之为中箭虎，可见他即使是满身伤痕也无所畏惧，勇往直前，有些拼命三郎的味道。当今世界足坛也有位拼命三郎，与丁得孙相比有过之而无不及，他就是AC米兰队的意大利前锋博列洛。

博列洛出自米兰青训营，但是一直漂泊在外，几进几出球队。凭借在热那亚队的出色表现，博列洛重回AC米兰，并基本上锁定了主力位置。博列洛给人印象最深的时刻是2006年欧洲冠军杯小组赛对阵里尔的比赛，博列洛与对方后卫塔弗拉里迪斯头部相撞，血染征袍。经过简单的包扎后，意大利射手依然坚持作战，活脱脱一个中箭虎丁得孙再世。

博列洛不但能直接进球，更能策应跑动，给队友带出空当。现在的蓝衫军团锋线老化严重，托尼等人都已呈现老态。而博列洛状态正佳，又和球队核心皮尔洛配合默契。每当AC米兰的比赛，看见三位巨星的密切配合，我都会想到张清率领着两位虎将征战沙场。这就是上天的安排，再次预祝三位意大利帅哥能帮助蓝衫军团再创辉煌。

小遮拦穆春　巴洛特利

水浒中的兄弟好汉很多，性格各方面相似的不少，有一对兄弟简直就是一个模子刻出来的，他们就是穆氏兄弟。这里讲的是地镇星小遮拦穆春。

穆春原是浔阳江边揭阳镇上的富二代，他和哥哥一样，也是个真正的没遮拦，当年险些要了宋江宋老大的命。后来，穆春随梁山好汉劫法场救了宋江、戴宗，随兄长入伙梁山，位居步军将校第七名。

当今世界足坛也有位球星和穆春一样地没遮没拦，他就是国际米兰的天才前锋巴洛特利。如果说卡萨诺这个老顽童是个大没遮拦，那巴洛特利这个小没遮拦也是实至名归。

天使加魔鬼的化身，这几乎是所有媒体和专家给巴洛特利的评价。说他是天使，没错，一个如此年轻的天才，一个90后，却能让所有看过他踢球的人都认可他的天赋。2007年，年仅17岁的巴洛特利第一次代表国米一队出战。在两天后的杯赛中，巴洛特利第一次在一线队比赛中首发，他不仅打满90分钟，而且独中两元。2008年1月30日，意大利杯1/4决赛，国际米兰客场面对尤文图斯，巴洛特利再次打进关键的两个进球，帮助国际米兰3：2战胜尤文图斯成功晋级。

但他又是魔鬼，尤其是管不住自己的嘴。崭露头角后，由于埃托奥、大米利托等众多世界级的前锋加盟，巴洛特利的出场时间少了很多，这可惹毛了神童，他不但频频对着媒体放炮，甚至还穿上了AC米兰的球衣，结果被打入冷宫。直到不久前，在老板莫拉蒂的调停之下，才又获得了出场机会。

巴洛特利是天才，这点毋庸置疑，但是你要看怎么去用。这是摆在国家队主帅里皮面前的一大难题。他是把双刃剑，用好了他能带给你无尽的惊喜，用不好则会毁了整支球队。

小霸王周通　**托蒂**

水浒中有很多人物都是鼎鼎大名的英雄，但由于不少都是读过圣贤书的人，总要表现出谦逊来，所以很少有人称王称霸的，但是有一位好汉可是真不低调，把霸道直接就放在自己的名字里了，他就是地空星小霸王周通。

周通因外表酷似项羽，又独霸一方，江湖人称小霸王。周通偶然遇见了打虎将李忠，一番争斗后落败，就认李忠做了老大。后来，周通干起了强抢民女的勾当，被鲁智深遇见，一番痛打差点要了此君的小命。也算不打不相识，他们后来竟成了朋友。

小霸王虽然霸道，但是德性不差，很多时候只是一时气愤难耐，才做出出格的事情。无独有偶，有位巨星也称得上足坛小霸王，他就是罗马队的意大利前腰托蒂。

托蒂自从一出道就被看作是罗马王子。随着年龄的增长，他的贵族气质和王者风范逐渐显露出来。作为前腰，托蒂习惯在两名前锋后面活动，通过传球为他们创造机会。同时，作为影子前锋，他也可以凭借出色的跑位能力，伺机跟进射门得分。托蒂是目前世界足坛少有的力量与技术兼备的前腰球员，场上指挥调度的能力以及强劲的冲击力让所有对手都望而生畏。

但或许是成功来得太容易，托蒂经常来些小霸道。在赛场上，托蒂有种天生的霸气，有种不怒自威的感觉。他现在已经30几岁了，但在球场上的火暴脾气丝毫没有改变。2004年欧洲杯小组赛意大利与丹麦的比赛中，托蒂被对方鲍尔森激怒，一滩口水啐在了对方脸上。虽然托蒂逃过了主裁判的惩罚，但事后这个镜头被一家电视台录像并交给欧足联。欧足联对托蒂开出了禁赛3场的罚单。意大利队也因为托蒂的缺阵提前结束了欧洲杯之旅。这件事成为了罗马王子的污点，一直到他带领意大利队夺得2006年世界杯，才完成了自我救赎。

在2010年罗马0：1不敌国际米兰的意大利杯焦点战上，托蒂第87分钟看到球队翻盘无望，再加上巴洛特利用花哨的突破挑衅，托蒂顿时怒火中烧，一脚正中国米小将小腿，基本将他踢翻在地。托蒂这一冲动之极的恶意犯规招致主裁判的红牌。这一脚，也踢飞了托蒂的南非梦。南非世界杯上应该是不会出现罗马王子的身影了，这实在是一件憾事。

5 PART 西班牙

群星璀璨，斗志昂扬

唐诗之多，如碧空星斗，唐诗之美，如朝阳盈月。用唐诗来形容西班牙队再合适不过了。西班牙队中大腕如云，形成了以门将卡西利亚斯、中场哈维、前锋比利亚为中轴的攻防体系。防线方面，西班牙队将基本沿用两年前夺得欧洲冠军时的人员配置。队中有像小温侯吕方一样的单挑高手托雷斯，还有普约尔这样的铁汉坐镇。可以说，西班牙队是32强中人员配置最强、人员年龄结构最合理的队伍。这支群星璀璨的全明星之队，到底能否创造历史，首次夺得世界杯？让我们拭目以待。

圣水将军单廷珪　哈维

水浒中众多好汉齐聚一堂，都是好汉，都是英雄，都身怀绝技，但是总要分个先后座次。很多很有才华的名将排名都不高，但并不代表他们实力不够，用现在最流行的话来说就是，这里面有很多潜规则，难以用一两句话说清楚。这当中，地奇星圣水将军单廷珪就是代表人物，此君原来的身份是凌州团练使，与魏定国一起攻打梁山。他善用淡水浸兵之法。在与梁山的较量中，曾力擒宣赞和郝思文，幸而李逵赶到救了众人。

单廷珪虽然没有混江龙李俊那样的水上功夫，但是他有精妙无比的水攻兵法，自创碧水阵法，独成一派。当今世界足坛也有些球员，名气不是特别大，但有自己独到的技术，往往是决定比赛胜负的关键。巴塞罗那队的西班牙中场核心哈维就是当中的杰出代表。

哈维，一个彻彻底底的巴萨制造的球员，11岁加盟球队，1998年年仅18岁的哈维便代表一队出场。99/00赛季，哈维彻底取代了巴萨的前灵魂，也是现任主帅瓜迪奥拉的位置。之后十年，无论是在巴萨还是西班牙队，哈维都起到了无可替代的核心作用。随着年龄的增长，哈维的球技日渐成熟，每每在关键时刻救球队于水火。球王马拉多纳说过，如果为他的阿根廷队挑选一名锦上添花的球员，他会选择西班牙队的哈维·埃尔南德斯，理由是哈维就像绿茵场上的魔术师，让人无可挑剔。

哈维作为一名传统的组织型后腰，头脑冷静，虽然为巴萨队攻城拔寨的是梅西等前锋，但是在很多资深专家和各支球队的教练心目中，哈维才是球队的真正大脑。哈维的控球技术极佳，虽没有什么华丽的动作，但是想从他脚下断球几乎不可能。同时哈维有一脚如手术刀般精准的直传，总能轻松地撕开对少的防线。2009年5月2日国家德比，巴萨客场6∶2狂屠皇马，哈维先后奉献4次助攻，是球队获得大胜的头号功臣。

单廷珪独创碧水阵法，让与他交战的对手胆寒。哈维也凭借精妙无比的传球和跑位成为名副其实的球场“谋略家”。他熟知队友的一切跑位，全队的攻防节奏都由他把握，自己也在不断地穿插跑位，伺机发动致命的一击。在2009年的欧冠决赛中，哈维就以一脚精准的过顶传球，轻松越过了长人如林的整个曼联后防线，让梅西攻入了关键进球。

因为位置的因素，哈维可能永远不会得到世界足球先生的称号，但是他在球队所起的灵魂作用是所有人都不能忽视的。

神火将军魏定国　伊涅斯塔

人们常说，水火不相容，但这也不是绝对的。在水浒中就有两位好汉，一位是地奇星圣水将军单廷珪，此君善使淡水浸兵之法，另一位就是地猛星神火将军魏定国，此君精通火攻兵法，而这两位英雄好汉是铁哥们儿，一起战斗，一起在征战方腊中战死沙场。

神火将军魏定国原是凌州团练使，此君最擅长火攻，上阵专用火器取胜，人称“神火将军”。与他的好兄弟单廷珪一样，此君也独创一阵，名曰火魔阵，曾让率兵攻打他的关胜吃了不少苦头。魏将军的火器让他在进攻中所向披靡、无人可挡。当今世界足坛，也有位球星像魏将军一样，在进攻中不可阻挡，他就是巴萨的西班牙中场巨星“小白”伊涅斯塔。

与魏定国和单廷珪形影不离一样，小白伊涅斯塔和哈维也是国家队和巴萨的亲密战友。他们都来自巴萨训练营，同样都是巴萨制造的巨星。02/03赛季，伊涅斯塔升入巴萨一队，并在处子赛季就获得了6次出场机会。之后几年，由于德科的加盟，小白只能担任替补，但每次上场都能有出色的表现。最近两个赛季，随着德科、小罗等人物的离去，伊涅斯塔正式成为球队的核心成员，并在2009年帮助巴萨实现了三冠王的伟业。

伊涅斯塔拥有极佳的速度和方向感，尤其擅长边路突破。在巴萨无论是打左边锋，还是回撤中场，他都能凭借突破改变场上局势。在2010年巴萨对阵斯图加特的欧冠比赛中，小白在中场漂亮的马赛回旋摆脱对方逼抢，赢得球迷的热烈掌声，在对方禁区边缘还有过一次连过三人的精彩发挥。在2009年欧冠决赛中，埃托奥首开纪录，但之前正是小白中场的一次突然的长途奔袭，将整个曼联后防线撕开，并传出了一脚致命传球。

魏定国与单廷珪不一样，他更加强调突然性，往往是出其不意、一击致命。小白伊涅斯塔同样能做到。2009年欧冠半决赛对阵切尔西的第二回合，巴萨场面一直被动，切尔西有针对性的防守，让梅西，亨利等球星一筹莫展。蓝军眼看就要晋级决赛了。就在这时，小白一脚漂亮的劲射不可思议地将比分扳平，巴塞罗那凭借客场进球优势挺进罗马，伊涅斯塔成为全队晋级决赛的首席功臣。他的这粒进球与魏将军的火器有异曲同工之妙，都是致命的杀招，可以瞬间改变战场上的走势。

伊涅斯塔若有机会能读读《水浒传》，应该会喜欢上魏将军，他们都在各自的战场上成为了决定胜负的关键先生。

小温侯吕方　托雷斯

古代战场上两军对垒，首先是武将比武，俗称叫单挑。古往今来，能称之为单挑王的，三国时的吕布肯定得算一个。此君被公认为三国第一猛将，后世之人无不以他为标杆。《水浒传》中有位猛将也是单挑的高手，此人就是地佐星小温侯吕方（吕布为了貂蝉杀了准备夺位的董卓，被封为温侯）。

吕方，是梁山第五十四条好汉，被封为守护中军马军骁将。此君平时最爱学习吕布，用的武器也是温侯的方天画戟。如果那时有模仿秀比赛，估计他可以得到高分。吕方不但形象装扮上都极力接近吕布，为人处事上也是学得入木三分，虽然好汉排行不高，但是上战场单挑的次数可不比别人少。

当今世界足坛也有位单挑高手，他就是英超豪门利物浦的西班牙前锋托雷斯。托雷斯出道于西甲马德里竞技队，20岁时就当选球队的旗手和队长，2007年转会英超豪门利物浦。在英超的第一个赛季，托雷斯全面爆发，打破了范尼保持的外籍球员首赛季的最高进球纪录。

在西班牙足球圈，谁都知道《马卡报》著名记者马塔亚纳做了一件憾事。一位15岁的少年找到马塔亚纳，恳求他做自己的经纪人。当时，马塔亚纳没有答应，而将少年介绍给了一个电视台的体育频道经理何塞，并且以个人名誉担保这是一件不会让人后悔的事情。何塞在观看了少年的比赛之后，离开了电视台，专职做这个少年的经纪人。四年后，他从少年的所有竞技经纪和商业运作中赚取了近450万欧元。这位少年就是托雷斯。

托雷斯来自崇尚拉丁足球的西班牙，个人技术细腻，与队友配合意识强。通过在强调身体对抗的英超的锻炼，作风变得更加顽强，传球也大有长进。托雷斯的绝技是在反击中完成致命一击，短距离冲刺极快，一旦形成一对一，可以一瞬间抹过后卫。很多世界级的中卫如普约尔和维迪奇都吃过他的大亏。

吕方的每次出场都有一场单挑，与郭盛的棋逢对手，一戟刺死厉天佑都体现出了这名小将出色的功夫。托雷斯的单挑更加精彩。红魔曼联的后防悍将维迪奇不知道让多少世界级的前锋哑火，但是托雷斯成了他的苦主。每次红军大战红魔，无论球队战绩如何，托雷斯必然进球，而且还能让维迪奇几乎场场吃牌。最精彩的单挑出现在2008年的欧洲杯决赛中，托雷斯单挑德国右后卫拉姆，用速度和力量强行抹过，完成致命一击，将斗牛士送上了冠军的宝座，帮助西班牙队时隔44年后再度捧起欧洲杯。

赛仁贵郭盛　比利亚

古代的英雄好汉都讲究效法古人，水浒中花荣的外号就是小李广，因为他的箭法出众，颇有飞将军的风采。同样，地佑星赛仁贵郭盛也是如此。这个仁贵指的是唐代名将薛仁贵，此君勇于力战，长于用兵，深于谋略，建立了赫赫战功。

郭盛和吕方一起出场，一身素袍映射太阳光，手持一枝寒戟银绞，怎一个帅字了得。此君最大的特点也是喜欢模仿，模仿薛仁贵。当今世界足坛也有位球星喜欢模仿，一出道就被誉为某位巨星的接班人，他就是西甲瓦伦西亚的球星大卫·比利亚。

比利亚，出道于西甲中游球队希洪竞技，不久转会豪门瓦伦西亚，凭借自己的出色表现成为西甲最好的本土前锋。2009年夏天，由于瓦伦西亚的逐渐衰落和自己的突出表现，比利亚成了皇马、巴萨队纷纷追逐的目标，连英超曼联都对他伸出了橄榄枝，但是由于种种原因，比利亚还是留在了瓦伦西亚，苦苦支撑着球队。

比利亚身高175厘米，体重69公斤，身材不高但很强壮，既可以打边锋也可以打中锋，左右脚技术均衡，射术精湛，整个前场30米区域都是他的“势力范围”。细腻的脚法、精准的射术无可挑剔！比利亚具有优秀现代前锋的一切素质，有速度，有技术，同时具有较强的突破能力。

比利亚在出道之初就被誉为劳尔二世，他们拥有同样的号码、相似的身形，这点与郭盛一样，都有个榜样。当然，比利亚相比劳尔速度更快，门前把握机会能力更强。在2008年欧洲杯上，比利亚在首场对阵俄罗斯的比赛中，上演帽子戏法，成为欧洲杯历史上第一位完成此壮举的西班牙人。

没面目焦挺　普约尔

水浒中的李逵是个闲不住的人，很多好汉都和他有瓜葛，地恶星没面目焦挺就是其中之一。焦挺，中山府人氏，祖传三代都以相扑为生，独门单传三十六路擒龙手。李逵偷偷下山去要助关胜攻打凌州，路途偶遇一大汉，两人打了起来，那人拳脚熟练，李逵被连摔两跤，才知此人叫"没面目焦挺"。焦挺约鲍旭同李逵一起，杀入凌州，一并归顺了梁山泊。

能让李逵心服口服的人本事肯定不小，焦挺是个厉害的角色。此君善使三十六路擒龙手，看来身手不错，善于防守。当今世界足坛也有位身手很棒的后卫，他的防守真好像是练过擒龙手一样。他就是巴萨队长、西班牙铁卫普约尔。

普约尔出道于巴萨青训营，原是右后卫出身，但后来逐渐成长为一名世界级水平的中后卫。此君身体条件极为出色，破坏对手进攻时从不拖泥带水。当教练需要时，他还能胜任左后卫。尽管身高只有178厘米，但强健的身体使他争顶时不处劣势，能盯防比他高的前锋。球队获得角球和任意球时，普约尔还时常参与进攻。

普约尔作为巴萨与西班牙国家队后防核心，铲断凶狠，拼抢积极，空中解围能力也非常出色，是西班牙夺得2008年欧洲杯与2009年巴萨夺得三冠王的功勋人物之一。

焦挺最擅长使用擒龙手，普约尔也算得上是个中高手。在2008年欧洲杯上，普约尔面对比他高出不少的前锋，用的就是这招。无论是意大利的托尼，还是德国队的克洛泽，他都能靠着合适的卡位和小动作让这些高人们一个个望门兴叹。

西班牙斗牛士大多是进攻天才，普约尔是球队获胜的基石。如果普队长能够仔细研究一下焦挺的摔跤技法，或许能让他的防守技术再上一个台阶，那样西班牙离夺得大力神杯就不远了。

6 PART 法国

谜一样的军团，与浪漫无关

1998年的法兰西之夏，成就了齐达内这位艺术足球大师。12年后的今天，这届法国队已经没有了当年的艺术气息和浪漫情怀。队中的核心大将里贝里就像青面兽杨志一样，丝毫看不出半点艺术家的味道。但是这支没有艺术气息的队伍，却是最神秘的，让你无法判断这支球队到底能在南非世界杯上走多远。

短命二郎阮小五　亨利

水浒中在家排行老二的英雄真是不少，有打虎将武松武二郎，黑旋风李逵也是排行老二。二哥在古代中的地位有点儿意思，既没有大哥的威严，让兄弟们充满敬意，也不能像小弟那样受到所有人的照顾。阮小五就是这么一位尴尬的老二。阮小五，梁山好汉中第二十九位，排梁山八大水军头领第五位。阮小五在阮氏三兄弟中排行第二，亦是梁山有名的水中好汉、浪里英雄。他从小生长在石碣村，打鱼谋生，在黄泥冈劫了生辰纲，因官军追捕逃回梁山泊，与兄弟一起打败何涛。高俅率大军围断梁山，阮小五水中奋勇杀敌。他与童威一起驻守梁山东北水寨。后随宋江征讨方腊时和李俊去诈降，结果被守城丞相杀死。

书中对他的评价是双手浑如铁棒，两眼如铜铃。眉宇中带着杀气，拳打来，狮子寒心，脚踢处，蛇丧胆。外号是短命二郎，“短命”不是形容阮小五短命（实际上也短命），而是“使他人短命”的意思。

当今世界足坛也有这样一位球星，杀气腾腾，是锋线上一把犀利的剑。他就是法国球星亨利。特别凑巧的是，埃托奥对应阮小二，梅西对应阮小七，阮小五对应亨利，他们正好组成了让人望而生畏的巴萨前场三叉戟，让整个欧洲足坛都为之胆寒。

亨利，出道于法国摩洛哥队，年纪轻轻就声名鹊起，成为各支欧洲豪门争抢的目标。而后，亨利辗转意甲尤文图斯、英超阿森纳，2007年起效力于西甲巴萨。亨利拥有极佳的个人技术，快速的步伐，灵敏的盘带，丰富的创造力，堪称一流前锋。出道时，亨利作为边锋显得不温不火。到了阿森纳后，他遇上了一生的恩师温格。温格将他改造成了中锋。本来，身高188厘米、体重83公斤的亨利具有一名强力中锋的天生条件，但是与范尼、托尼等传统抢点型前锋不同，亨利剑走偏锋，自成一派，他习惯游弋在左边路，擅长变相切入，常常让盯防他的中卫无所适从。每次他一拿球开始高速跑动，都会是对方后卫的噩梦。亨利曾4次获得英超最佳射手，帮助阿森纳两夺联赛冠军。1998年为法国夺得世界杯后，亨利开始在国家队渐露头角，2000年协助法国赢得欧洲杯，2003年帮助法国卫冕联合会杯冠军。他曾经7次入选欧洲足球先生前4名，打破该奖项纪录但却未得过此殊荣。

亨利大帝和阮老五还有一点非常像，那就是阮小五江湖人称短命二郎，就是让人短命。亨利大帝也是让人短命的专家，在去年的世界杯预选赛附加赛上，亨利大帝上演的上帝之手，让爱尔兰队最终无缘世界杯决赛圈，赛后，亨利成为媒体的众矢之的。郁闷的亨利从此背上了恶名。

青面兽杨志　里贝里

男人的外貌往往和能力成反比，很多英雄相貌都比较丑陋。水浒中的青面兽杨志就是这么一员人丑才高的猛将。杨志，在梁山好汉中排名第十七位。林冲来到梁山，王伦不容，要他先下山取“投名状”，杀一人上山。不想正巧碰见青面兽杨志，两人拔刀大战三十余回合，不分胜负。原来杨志是杨老令公杨家将的后代，本来是殿帅府制使，因押送花石纲在黄河里翻了船畏罪逃避。他与林冲不打不相识，被王伦一起邀上梁山。但杨志一心想到东京找个官做，不肯入伙。杨志在东京花光了身上的钱，只好去卖祖传宝刀，与泼皮牛二发生争吵，不得已杀了牛二，被发配到大名府充军。为梁中书护送生辰纲去东京，又被晁盖等所劫。杨志无奈和鲁智深打上二龙山，杀了邓龙，做了山寨之主，后归了梁山泊。征讨方腊时，杨志在途中病故。

足坛中有不少像欧文、小贝这样的帅哥，但是也有长相奇特的猛男。杨志脸上有很大一块青色的胎记，所以得名青面兽。而足坛也有这样一位巨星，那就是拜仁边锋里贝里，此君脸上有一个刀疤，外号叫刀疤脸。

1985年，里贝里在一次车祸中不幸毁容，当时他才两岁。丑陋的面容虽然给他的生活造成了一定的影响，但他却毫不在意。功成名就后，里贝里仍拒绝亲朋好友提出的“整容”提议。他说：“有人会觉得我的脸很丑，但我不会去整容，那次车祸改变我的人生，让我更加珍惜我的生活和事业。让我更专注于足球比赛。拿到世界冠军比拥有一张漂亮的脸蛋令人心动。”这段话，说得太爷们儿了，让人心生敬仰。

这位法国天才在2006年之前默默无闻，直到2006年才大放异彩。德国世界杯是齐达内的绝唱，但是这位世界巨星并没有掩盖住里贝里的光辉。与粗犷的外表相比，里贝里秉承了法国球员的细腻技术，更难能可贵的是，他还是一名很好的团队合作球员，他的传球为己队的前锋输送了不少炮弹。里贝里的假动作和变线突破能力绝对不次于C罗。而且不管在左路还是右路，内切的频率更高。里贝里还有一脚远射的功夫，经常能够远射破门。

与杨志相同，里贝里的成名之路也显得比较坎坷，不像阿内尔卡一样少年得志。他有的只是法国球员少有的顽强斗志和成为所有教练心目中的不二主力的超凡球技。

混世魔王樊瑞　阿内尔卡

有句谚语叫一物降一物。有些人有特殊的本事，谁也治不了，但是往往这种人有很大的弱点，一旦有人能克制他，就像毒蛇被掐住了七寸一样，只能俯首就擒。水浒中这类人物不少，地煞星混世魔王樊瑞就是其中的代表之一。

樊瑞也是出身草莽，原来和八臂哪吒项充、飞天大圣李衮在芒砀山占山为王，此君善使飞刀，又通晓些奇门遁甲之术。宋江带大军前去征讨，吃了大亏。吴用请出了入云龙公孙胜，才将此人降服。樊瑞归顺梁山后，正式拜公孙胜为师，终于修成正果。

当今国际足坛也有位可与樊瑞媲美的小混世魔王，他就是英超豪门切尔西的法国前锋阿内尔卡。

阿内尔卡是一个不知道该用什么文字来描绘的球员。他是天才少年，弱冠之年就在皇马、阿森纳这样的欧洲豪门俱乐部闯荡。看过阿内尔卡踢球的人，都无不赞叹为天才，否则也不会有皇马的天价转会费，也不会有在英超切尔西的再次重生。同时，因为性格孤傲，阿内尔卡成为足坛流浪者，也得来了“问题少年”的“美誉”。总之，他就是一个矛盾体，总是在人们要淡忘他的时候给人以惊喜。

阿内尔卡虽然曾经是“问题少年”，但他的好友都表示，在生活中阿内尔卡是一个温和的好男人。每次在攻陷自己的老东家阿森纳的城门后，他都拒绝庆祝。

足球场之外的阿内尔卡，私生活很简单，他不去酒吧，只爱去超市看鱼或在家看书看碟。有空的时候，就跑去离他家很近的网球场观赏比赛。他一直梦想着做网球运动员，并奉阿加西为偶像。

从费内巴切开始，阿内尔卡就一直固执地选择39号球衣，只因他在巴黎的家的区号是78。39是78的一半，代表他无论流浪到哪里，他都不会忘了他的家。

阿内尔卡的特点就是速度快，射门感觉好，尤其擅长在高速运动中打门，而且力道极大，命中率极高。与樊瑞一样，阿内尔卡是个很有特点的高手，虽然没有如雷贯耳的名气，但一旦发威起来，也是人挡杀人、佛挡杀佛的混世魔王，所以人们都称他为法国的罗纳尔多。可惜他在法国国家队的闪光之处，只有1999年与英格兰的友谊赛中的梅开二度。

阿内尔卡的俱乐部生涯还算出色，成为累计转会身价世界第二的球员。但是在国家队就显得有点惨淡，孤僻又高傲的性格使得阿内尔卡的国家队生涯很不顺，一直游离在国家队体系之外，每次大赛，阿内尔卡都会成为被历任主帅放弃的人。但是，最近这种情况有了改变，亨利因为年龄的问题，已经失去了在巴萨的主力位置，而本泽马虽正值壮年，但也是替补命，剩下的老的老小的小，只有阿内尔卡在切尔西的位置十分稳固，很多专家都认为属于阿内尔卡的法国队来临了。

而能给阿内尔卡机会的正是法国队现任主帅多梅内克。碰巧多梅内克的水浒人物是入云龙公孙胜，他正好就是樊瑞的师傅，也是唯一可以克制他的人。阿内尔卡曾经向法国队前主帅桑蒂尼发飙道：“桑蒂尼应该向我下跪，先向我道歉然后我再考虑是否回国家队。”可见他有多么狂傲。但是他对多梅内克却还算是尊重。南非世界杯是阿内尔卡的世界杯首秀，期待他能有好的表现。

八臂哪吒项充　拉斯·迪亚拉

古代有很多神话人物，他们的故事被老百姓广为流传。哪吒就是其中之一。那个可以腾云驾雾、翻江倒海的神奇小子成为我儿时的美好回忆，让我永远难以忘怀。水浒中有一位好汉与哪吒三太子有关，他就是地飞星八臂哪吒项充。

项充和樊瑞一样，武功高强，曾在在徐州芒砀山占山为王。因为背插二十把飞刀，人称“八臂哪吒”。哪吒能变身三头六臂，一个人可以抵得上千军万马。当今世界足坛有位球星和八臂哪吒一样，在球场上是一个人能当好几个人用，他就是皇马的法国籍铁腰拉斯·迪亚拉。

迪亚拉出道之时，很多球迷都惊呼小马克莱莱来了。不错，迪亚拉与他的前辈马克莱莱一样，个子不高，但作风极为顽强，擅长中场阻截，颇有马克莱莱的范儿。迪亚拉出道于法乙的勒阿弗尔队，后被英超蓝军切尔西看中，再后来转战阿森纳、朴茨茅斯，最终被西甲豪门银河战舰皇家马德里看中。在巨星云集的皇马中场，迪亚拉的主力位置不可动摇，即使是卡卡、C罗等天王巨星加盟，迪亚拉一样能获得稳定的出场时间。

哪吒虽然法力无边，战斗力超强，但毕竟是个未脱稚气的少年，拉斯·迪亚拉身高只有173厘米，体重也只有69公斤，在球场显得很不起眼，但是他是劲量小子，人小鬼大，要是忽略他，他一定能让你吃大亏。除了和前辈马克莱莱一样擅长中场阻截外，迪亚拉在进攻上的天赋远胜于前辈，传球精准，速度奇快，后排插上往往能轻松撕开对手的防线。

作为八臂哪吒，迪亚拉可以胜任多个位置，右后卫、右边中场和后腰都游刃有余。有他在场上，感觉球队跟多了一个人似的。迪亚拉年少成名，是法国国家队U21队的核心，不少专家都把他视为高卢军团第一后腰的不二人选。

值得一提的是，项充也是被入云龙公孙胜收服的，而迪亚拉在现实中也要听命于公孙胜的当世之人多梅内克，又是一对师徒，看来法国队的命运多少年前就已经定了。相信这些虎将能帮助迷信的多梅内克，帮助法兰西在南非世界杯中走得更远。

飞天大圣李衮　埃弗拉

古代的大将往往能征善战，有些将领不仅是攻城拔寨的高手，守城也有独到之处。水浒中就有一位好汉，在攻守两端都有自己的独门秘籍，堪称武将中的“战斗机”，他就是地走星飞天大圣李衮。

此君出身芒砀山，在武器方面可谓集百家之所长，光兵器就有南蛮盾、秋风剑、落叶标枪，个个使得神出鬼没、收放自如，进可攻，退可守，颇有大将风度。当今世界足坛也有位球星和李衮一样，攻守兼备，他就是曼联队的法国籍钢铁左后卫埃弗拉。

埃弗拉是既利扎拉祖后的法国新一代优秀左后卫，出道于巴黎圣日耳曼，后转战多个赛场，终于在法甲摩洛哥队声名鹊起，并成为球队的场上队长和核心。2006年1月10日，曼联击败利物浦、阿森纳和国际米兰等多名竞争对手，以550万英镑签下埃弗拉。从此，法国铁卫开始了一段传奇表演。

李衮善使南蛮盾。埃弗拉在防守端是整个曼联后防线回追速度最快的，经常能奔波数十米解围，出现在后防线最危险的地方，救球队于危难之中。李衮善使秋风剑。埃弗拉的爆发力惊人，技术出众，曾在少年时踢过前锋的他，包办了曼联队的整个左路进攻，被誉为左翼之王，真好似一把利剑。李衮还能使出落叶标枪当做秘密武器。埃弗拉传中出色，已经无数次在左路传出致命助攻，在曼城德比中，埃弗拉伤停补时完成左路精准传中，助斯科尔斯完成绝杀。

埃弗拉和李衮一样，实力出众，但从不显山露水。可能埃弗拉一辈子都得不到世界足球先生的桂冠，但是没有人能忽视他在球队的作用。在场上，埃弗拉是难以逾越的长城，看似矮小的他是球场斗士，永不认输，永不疲倦。今年是世界杯之年，法国主帅多梅内克有这位大将助阵，是法国的福分。

扑天雕李应　加拉

梁山好汉很多都是攻城拔寨的大英雄，但不能都去征战，总得有人看家。李应，梁山泊第十一位好汉，同柴进一起掌管钱粮财物，是梁山泊的管家。李应原是李家庄庄主，江湖人称“扑天雕”，使一条浑铁点钢枪，背后藏有五口飞刀，能够百步以内伤人。时迁偷吃了祝家庄酒店一只公鸡，惹出事来，被祝家庄人马捉拿。杨雄、石秀求李应搭救时迁，祝家庄祝彪不给李应面子，李应和祝彪交战，被暗箭所伤。宋江攻下祝家庄，李应却不肯投奔梁山。后来李应被知府捉拿，多亏宋江率兵马相救，才上了梁山。受招安后，李应被封为中山府郓城都统制。

当今世界足坛除了攻击手之外，那些缔造铜墙铁壁般防守堡垒的后卫一样让人敬畏。法国和阿森纳队的铁卫加拉，是其中的佼佼者。加拉身高并不出众，但是比赛经验丰富，用出众的判断力和抢位弥补了身高的不足。此外，在整体偏软的法国国家队中，加拉顽强的作风让他成为球队的主心骨。

更加难能可贵的是，与李应善使飞刀一样，加拉除了防守本职工作做得到位外，在进攻方面，他的抢点能力极强，常在定位球进攻时有出色的发挥，屡在关键时刻有惊世之作，让人不得不感慨他那颗永不言弃的心。

李应与众多英雄相比，名气略逊一筹，与加拉一样，稳固后防，出彩之处肯定少于那些进攻人员。但是加拉和李应一样，都不会在乎，他们恐怕都深刻理解了那句经典名言——真的猛士，敢于直面惨淡的人生。

智多星吴用　普拉蒂尼

古人云：千军易得，一将难求。这个比喻强调了智囊团的重要性。一个团队或者组织，如果没有军师，是成不了大事的。梁山好汉能制造那么大的声势，天机星智多星军师吴用功不可没。吴用设计智取生辰纲，用药酒麻倒了青面兽杨志，夺了北京大名府梁中书送给蔡太师庆贺生辰的十万贯金银珠宝。而后，宋江因在浔阳楼吟反诗被捉，和戴宗一起被押赴刑场。吴用又用计劫了法场，救出了宋江、戴宗。宋江二打祝家庄都以失败告终。第三次攻打祝家庄时，又是吴用利用双掌连环计攻克祝家庄。在呼延灼使用连环马威胁梁山安全时，还是吴用派时迁偷甲骗徐宁上了梁山。宋江闹华州时，吴用又出计借用宿太尉金铃吊挂，救出了九纹龙史进和花和尚鲁智深。吴用一生屡出奇谋，频建战功。受招安后，吴用被封为武胜军承宣使。宋江、李逵被害后，吴用与花荣一同在宋江坟前上吊自杀，与宋江葬在一起。

吴用的本领很大，而当今世界足坛也有这样一位智多星，他就是欧足联主席普拉蒂尼先生。普拉蒂尼是足坛名宿，当年法国中场三驾马车的核心人物，当选过欧洲足球先生。退役后，普拉蒂尼不甘寂寞，当上了欧洲足联主席。他上台后，几次小计谋让世人对这位球场君子有了新的印象。

2009年欧冠1/4决赛，蓝军切尔西输得很惨，数次点球不判，最终输给了巴萨。全欧洲都说这是阴谋，是普拉蒂尼不愿意看到两支英超球队再度在欧冠决赛会师吗？答案不置可否。但英国媒体手中却掌握了事实依据——他们断定切尔西被淘汰是欧足联内定的结果!

普主席玩命地缩小德甲和意甲的差距，联想到负责欧冠裁判工作的正好是德国人，再联系到普拉蒂尼在拜仁越位进球时的欢呼，又该怎么说呢?

不久前的世界杯小组分组抽签，阿根廷奇迹地避开了所有欧洲强队……一切的一切都尽在不言中，普拉蒂尼先生你是否曾读过《水浒传》呢？你一定为吴用的才智所吸引，你们的计谋是那样的相似，真可谓是心有灵犀一点通！

入云龙公孙胜　多梅内克

水浒中的情节大多是打打杀杀，但是也有些独辟蹊径使阵法妖术的，具有仙风道骨的奇人层出不穷。入云龙公孙胜就是其中一位。宋江攻打高唐州时为高廉妖法所败，只得请公孙胜下山。公孙胜果然不负众望，大破高廉的妖法。宋江派史进攻打芒砀山，史进首战不利，公孙胜过后赶到，摆下八阵图，破了樊瑞的妖法，收服了樊瑞等人。

公孙胜是梁山泊掌管机密的军师，随众好汉接受朝廷招安，征伐辽国，旋即讨伐田虎。田虎的军师乔道清以妖法打败梁山好汉，公孙胜道高一尺，破了他的妖法，把他收服，梁山好汉顺利消灭了田虎。公孙胜在消灭王庆后，即出家修道。他虽为国立下大功，却不重名利，功成身退，回蓟州潜心修道。

当今国际足坛也有位有此水准的大师，此人来头不小，他就是法国队主帅多梅内克。此君对风水之说、巫蛊之术可谓是顶礼膜拜，爱到骨髓里。多梅内克曾亲口承认："当我考虑一名队员的时候，我不仅评估他的球技和个性，更留意他的星座，天蝎座一定跟我合不来。"

这等做法是要比任人唯亲还要可恶，但是人家法国队就是照样出线，难道亨利那个手球也是多梅内克用巫蛊之术乞求来的？不好说，真是林子大了，什么鸟都有。如果多帅看了此篇文章，没准会大彻大悟，赶紧找个时间穿梭机去了北宋，找公孙胜好好学习一番，说不定今年法国队就能靠这个再续辉煌。

丧门神鲍旭　布姆松

古代之人都讲究个大吉大利，出门都要看皇历，否则遇见丧气的事情就要大祸临头了。水浒中有位英雄，此人武功不错，但是算不上顶尖，但是很多人看过一遍《水浒传》就能记住他，为什么呢？名字太好记了，让人想忘都忘不了，他就是地暴星丧门神鲍旭。

鲍旭原是枯树山的强盗，与挑事大王李逵先生偶遇，开始了一段传奇人生。李逵见了鲍旭后，惊为天人，遂邀来一起攻打凌州。此君很是争气，上梁山后没有给引荐他的李逵丢人，表现一直不错，最后被封十七员步军将校第二名。

外号叫丧门神，肯定不是平庸之辈，平常人就是想让您丧气，估计也没那个本事。此人必然是长相出众，让人过目不忘，做事情也一定有惊人之处——当然这个惊人肯定不是惊喜的意思。当今世界足坛也有一位神人，不但擅长制造让人哭笑不得的事件，还经常害得球队输球，真可谓丧门神再世。他就是里昂队的法国国脚布姆松。

布姆松，出道时曾让世界为之侧目，被誉为德塞利接班人。在法国欧塞尔声名鹊起后，他转会去了苏超劲旅格拉斯哥流浪者，而后以1100万英镑的天价转会英超名门纽卡斯尔，而从这时开始，他的悲剧就正式开始上演了。面对弱队还能勉强应付的小布同学，一遇上强队就露出了狐狸尾巴。在遭遇曼联的比赛中，小布君面对对方的长传球，潇洒地一让，本以为是自己门将可以轻松得到，但是没想到被早就有所准备的鲁尼候了个正着，一脚破门。这个进球后来被喜鹊球迷戏称为最佳助攻。

更加可笑的还在后面，在对阵利物浦的比赛中，布姆松上演了隔山打牛的绝技。当时瘦竹竿克劳奇带球突破，小布一记少林飞腿，动作倒挺漂亮，但只是样子货，正好一脚踢空了。克劳奇轻松继续猛突，布姆松一看不好，只能放倒他，自动下场去了。纽卡斯尔球迷忍无可忍。主帅更是把球队输球的责任都一股脑地推给了小布，称他是球队的丧门神，必须马上清洗。

后来，小布到了尤文，表现还是一般，始终摆脱不了水货的标签。其实身高190厘米、爆发力出色的布姆松，是有成为一名顶级中卫的潜质的。但是和鲍旭一样，他缺乏那么一点点灵性，强硬有余，智慧不足，才有了这个丧门神的称号。

一日，郁闷的布姆松正在生闷气：又不让上场了，这马上世界杯了，我还要凭借自己的表现赢得多梅内克的青睐呢！无意中他看见了一本《水浒传》，心想反正闲着也是闲着，看看呗。他看到了描写丧门神鲍旭的部分，突发奇想：“我是不是该更凶点，做个真的丧门神，肯定能吓死那帮前锋，那样谁还敢不让我上场，我就天下无敌了。”

7 PART

荷兰

无冕之王押宝夺命神锋

无冕之王一直是橙衣军团的称号，传承了克鲁伊夫全攻全守打法的荷兰队，把进攻视为生命。罗本是这支球队的核心，如出林龙邹渊一样，拥有一只神奇的左脚，能扫去一切阻挡他的障碍。范德梅尔，这个钢铁战士也是那个可以改变战局的绝对巨星，希望这支承载了太多球迷期待的橙衣军团，能给爱他的球迷一个完美的演出。

独角龙邹润　克鲁伊夫

水浒中有血缘关系的好汉很多，但是叔侄关系的仅有一对，他们就是地短星出林龙邹渊和地角星独角龙邹润。邹渊是邹润的叔叔，自小喜欢赌钱，闲汉出身，心高气傲，不肯容人，有一身好武艺，江湖上人称“出林龙”。他在登云山落草为寇，聚众打劫。被孙新请去营救解珍、解宝，后来入了梁山。

邹渊武功很高，但是骨子里面很傲，而且达到了难以容人的境地，纵观世界足坛，有一位足坛名宿和他很像，他就是荷兰的一代巨星克鲁伊夫。

克鲁伊夫，荷兰人，世界足球史上的名将，也是著名的足球教练。球员时代的克鲁伊夫司职中锋，因抢截积极、盘带技术炉火纯青、速度快，故有“飞人”称号。他是荷兰全能足球的代表人物，曾三次夺得欧洲足球先生（1971年、1973年、1974年），是荷兰队全攻全守打法的缔造者。

此君生性孤傲，球员时代就因为和荷兰足协的矛盾退出国家队。后来他当了教练，这种坏脾气更是有增无减。执教巴萨时，他和历任球队的球队核心都发生过冲突，无论是罗马里奥，还是斯托伊奇科夫，这些被其他教练当成宝贝供着的巨星，到了克鲁伊夫那都被狠狠管制。最后克鲁伊夫竟对抗起老板努涅斯来，而最终的结局就是被赶走。

与邹渊一样，克鲁伊夫也是沉迷于赌博，那张他赛前玩牌的图片成为世界足坛历史上永恒的精彩瞬间。可以说，克鲁伊夫和荷兰队除了世界杯冠军，什么都不缺了，这也是他们一生的遗憾。这一点和性格有关，桀骜不驯、缺乏纪律性，是荷兰这些天才球员的通病。倘若克鲁伊夫能超越时空和邹渊好好聊聊，或许能让郁金香在世界杯赛场上真正盛开一次，这是所有橙色军团粉丝的共同心愿。

出林龙邹渊　罗本

中国人对龙是很敬畏的，古时候只有天子才能穿以龙为图案的衣服，可见龙的高贵。地短星出林龙邹渊、地角星独角龙邹润用的都是龙的绰号，可见他们不是泛泛之辈。

邹润，邹渊的侄儿，为人慷慨忠良，有一身好武艺。邹润身材高大，长相奇异，脑后生有一个肉瘤，人唤“独角龙”。有一天，邹润和人争闹，一时性起，一头撞去，竟撞折了一棵松树。他与孙新熟知，为救解珍、解宝打入祝家庄，祝家庄被攻破后归顺梁山。

能称得上独角龙，可见武功不错，而且有点偏于一方，当今世界足坛有这种特点的巨星不少，效力于德甲拜仁队荷兰小飞侠罗本就是其中之一。

罗本是荷兰足球的一个“现象”，2002年从小球会格罗宁根加盟埃因霍温后，虽然只是出任左边锋，但却在33场比赛中打进12球，风头完全压倒了同是国青队队友的范德法特和斯内德，而此后曼联和切尔西为了得到罗本掀起的一场纠纷更令罗本名声大噪，不过这还仅仅是罗本成名的开始，2004年欧洲杯上罗本的突破成为了其他球队的噩梦。对于他的神奇，任何形容词都显得不够准确。

一个健康的罗本几乎是不可防御的，他的变线和假动作极具迷惑性，每一个防守他的后卫都会在比赛前和比赛后失眠。他的速度更是他的杀手锏，优秀的后卫可以凭借出色的卡位防住花哨的C罗，但是对于罗本来说，除非你跑得比他还要快，否则根本防不住他。而要跑得比他快，这几乎就像小沈阳说的那样——这个真没有。

唯一可以阻挡他的只有伤病。被媒体戏称为玻璃腿的罗本经常受伤病困扰。这也是他先后被切尔西和皇马放弃的主要原因。但是一旦伤愈，罗本就会成为球队最犀利的武器。欧冠拜仁对阵曼联的比赛，罗本刚刚伤愈，一记凌空抽射打入一球，其精彩程度甚至超越了当年齐达内欧冠决赛的那脚惊世骇俗的超级凌空抽射。

如果说克鲁伊夫是荷兰的第一代飞人，那罗本就是第二代飞人。他们都是无敌的，这和邹渊和邹润的情况几乎完全一样。

通臂猿侯健 范德萨

水浒中的英雄好汉来自于各行各业，有打鱼的，有卖菜的，还有当官的，总之是五花八门，应有尽有。这当中有位精通裁缝手艺的好汉叫做地遂星通臂猿侯健，此君就是负责制作旌旗袍袄等军服等，称得上是水浒的后勤大队长。

此君善使飞针，技艺高超。人长得黑瘦精干，人们送他个绰号叫通臂猿。当今世界足坛有位巨星和他超级像，他就是曼联的荷兰籍门神埃德温·范德萨。

范德萨成名很早，1992年就在荷兰豪门阿贾克斯声名鹊起，之后转战各国联赛，即使在以防守见长的意甲联赛也一样可以立足，可见他的实力。转战英超加盟曼联后，范德萨又迎来了自己事业的第二春，赢得了挑剔的弗格森爵爷的绝对信任。

范德萨身高达到了197厘米，但是体重只有75公斤，和侯健一样，真有点儿通臂猿的感觉。虽然略显单薄，但是老范到了球场，那可是铮铮铁骨的硬汉。他从不畏惧英超的高大前锋，是球场上的最后一道铁闸，仿佛一座不可逾越的高山。

老范虽然身材高大，但是非常灵活，尤其擅长扑救。通臂猿侯健善使天蚕丝、无影针。范德萨也靠着自己修长的双臂在门前罗致了一张密不透风的大网，阻挡着来球。在2009年，范德萨以联赛14场、连续1302分钟零封对手的数据，打破了西班牙人阿贝尔·雷西诺在马竞创造的1275分钟的5大联赛不失球纪录。

老范同学在2008年欧洲杯后就退出了国家队，但荷兰队最近一直没有找到合适的人选接替他，国家队主帅也一直希望他收回成命，到底我们能不能在南非见到他，恐怕是个谜，让我们拭目以待吧！

百胜将韩滔　西多夫

古代人很重视风水，军事上尤其是，什么时候出征、带什么人出征都很有讲究。其实我觉得说白了就是迷信，但是有些人运气真的不错，有他在的战役基本上都能赢。水浒中的地威星百胜将韩滔就是这样一位。

韩滔，本是双鞭将呼延灼手下，官至陈州团练使，率领一支战斗力超强的连环马军队。此军队攻击力超强，最初和梁山交手时，梁山众好汉没少吃亏。谁也不是无敌的，梁山设计骗来金枪手徐宁，用钩镰枪破了连环马，活捉了韩滔。可以说如果没有徐宁的出场，没准梁山就被呼延灼和韩滔破掉了，也就不会有以后的故事了。

当今世界足坛也有位巨星可以算得上是百胜将军，他就是AC米兰队的荷兰籍天才中场西多夫。说到西多夫，我最先想到就是幸运之星。翻开西多夫的履历表，荣誉簿上最惹人注目的就是他代表多支球队夺取了四次欧洲冠军杯。94/95赛季欧洲冠军杯冠军（阿贾克斯），97/98赛季欧洲冠军杯冠军（皇家马德里），02/03赛季欧洲冠军杯冠军（AC米兰），06/07赛季欧洲冠军杯冠军（AC米兰）。

就在很多著名球星为了一次欧洲冠军杯桂冠而呕心沥血之时，西多夫却信手拈来般地拿了四个，而且是在不同俱乐部拿的，这需要的不仅仅是实力，更需要运气。西多夫成名很早，早年效力于阿贾克斯就在敢于用新人的范加尔手下声名鹊起，而后转战多家俱乐部，在每家俱乐部都是中场核心。

西多夫的特点概括来说有四个：秀丽的脚法，出众的技术，优美的控球，凌厉的远射。他的特点就是，看似在闲庭信步地控球，但是你要想从他脚下抢到球，那比登天还难，就像韩滔的连环马队，牢不可破。而且与韩滔一样，西多夫虽然不是什么绝对的主将，但是无论是和AC米兰第一代主将卡卡，还是和现在的核心小罗合作都很默契，是个优秀的团队球员。

但是，西多夫和韩滔一样，也有个致命伤。在俱乐部顺风顺水的西多夫，在荷兰国家队总是不温不火，难以再现在俱乐部的辉煌。

轰天雷凌振　范博梅尔

中国古代有四大发明，其中火药被很多国人诟病。因为外国人靠火药征服世界，而中国却只用火药来制作鞭炮。这么说，其实是错怪古人了。早在宋代，人们就制造出了火箭、突火枪、震天雷等火器，明朝还有专门配备火器的神机营。就是在水浒中，也有一位玩火药的高手。他就是地轴星轰天雷凌振，此君善使火炮，据传他发明的火炮射程可达十四五里。

当今国际足坛，也有些球星拥有与凌震的火炮相似的武器，那就是大力远射。足球场上的远射和战场上的火炮真的很像，很多远射高手都被誉为重炮手，其中最有代表性的是拜仁慕尼黑的荷兰国脚范博梅尔。

范博梅尔是典型的大器晚成的球员，出道于荷兰豪门埃因霍温，与他同时代的西多夫、克鲁伊维特早已在国外功成名就，而范博梅尔却一直在埃因霍温坚守着。直到2005年，他才以自由身份转会西甲豪门巴萨，但在球星云集的巴萨，范博梅尔经常只能以替补身份出场。2006年，范博梅尔转会德甲豪门拜仁慕尼黑，这次转会成为他的事业转折点。在这里，他获得了主帅的绝对信任，成为了球队的核心，并在2008年成为了拜仁队史上第一位外籍队长。

范博梅尔防守稳健，助攻犀利，尤其擅长远射，越是困难的时候，越能超水平发挥，是典型的大赛型球员。在欧冠1/8决赛中，拜仁队先失一球，已到了被淘汰的边缘，范队一记重炮，一脚定乾坤，扭转了被动的局面，为球队最终反败为胜立下了头功。

一日，范队正在刻苦练习自己的独门秘籍——大力远射。突然，球场上风雨大作，范队被一阵狂风刮跑了。等他醒过来，发现自己来到了宋朝的战场上，喊杀声震天，非常吓人。他细细观看，只见凌震正在指挥火炮发动攻击。范队暗竖大拇指："这个家伙可真有我的风范啊，大炮打得真不赖，看来自己也得回去玩玩这些武器，那样我大力射门的时候，没准更有威力呢。"

镇三山黄信　亨特拉尔

古代时能被拜为将者，必定有其独到的本事，不是擅长对攻的林冲、呼延灼等马军虎将，就是李逵、鲁智深这样的步兵豪强，要不就是擅长偷袭的花荣等远射高手。但也有些人什么都会，但样样稀松，说得好听点是全面，说得难听点就是平庸。地煞星镇三山黄信就是此类人，他要武艺有武艺，要骑射也会点，要计谋也有点，但是总体来说，亮点不多，是个的的确确的中庸之人。

很多水浒迷都在为排在后面的许多大将鸣不平，他黄信如此平庸，凭什么位列地星之榜眼？还是那句话，没有绝对的公平，这里面排位有很多讲究，各种故事尽在不言中。当今世界足坛也有这么一位平庸之辈，那就是AC米兰的荷兰籍中锋亨特拉尔。

亨特拉尔出道于荷兰的SC海伦芬队，而后加盟豪门阿贾克斯。一踏入足坛，让众多球迷眼前一亮，大声疾呼，范尼二世来了。诚然，由于荷兰一代天王范巴斯滕太过完美，一旦有风格相似的球员，荷兰球迷都会立刻为之倾倒。时间是球员最可怕的敌人，范尼不可逆转地老了，大家需要新的偶像，于是他们想到了更年轻的亨特拉尔。

亨特拉尔的技术特点是抢点意识强，速度不错，意识也不错，但是和黄信一样，各方面没有特别过人之处，关键时刻又不争气，以至于总被冠以水货前锋的名号。当年亨特拉尔以1500万欧元的身价转会银河战舰，皇马球迷都盼着其能和范尼一样延续禁区之王的杀伤力，但带来的只有失望。后来他转会红黑军团AC米兰，状态也是平平。在欧冠对阵曼联的比赛中，亨特拉尔数次浪费好机会。一时间，恶评如潮，大家都戏称他是曼联派来的卧底。

当然，作为一名经历过三支豪门的年轻球员，我们还是应该多鼓励下亨特拉尔。亨特拉尔和黄信还有一点特别像，黄信外号叫镇三山，亨特拉尔也是名副其实的镇三山。怎么个镇三山法呢？听我细细说来。当今欧洲足坛，皇马作为夺得欧冠冠军最多的球队，就像一座无法逾越的高山；而AC米兰作为中国球迷最喜欢的球队之一（意甲转播最早，受众人群大），也是一座高山；阿贾克斯，是巨星的诞生地，出产了西多夫、克鲁伊维特，还有一代荷兰天骄克鲁伊夫，必然也是一座高山！亨特拉尔虽然球技一般，但是都把这三家俱乐部给镇了，或者说是三家俱乐部都“被镇”了。

神机军师朱武　希丁克

古代时候，天地之分有严格的规定。一百零八位梁山好汉，三十六位天星，七十二位地星。当然，这个排名没有绝对的公平可言。比如下面我们要说的地魁星神机军师朱武，此君原是少华山大寨主，而后并入梁山，梁山给他的职司是“同参赞军务头领”，此官看起来很有权力，但是实质上却是空有其名无有其权的虚衔。

朱武作为军师，最大的悲哀就是和吴用先生同质化了。其实严格来讲，吴用军师真不一定比朱武强多少，这一点可以从招安事件上看出。吴用竟想出放了高俅的计策，最终气死了林冲。而朱武却想出了走宿元景的路线，最终和李师师一起成就了招安大业。

当今世界足坛名帅不少，很多都是可以化腐朽为神奇的神人，像米卢先生能将中国队带入世界杯。但有一位真是和朱武像极了，他就是荷兰籍神奇教练希丁克。

如果说米卢教练是专门为带球队进入世界杯而生的，那希丁克就是为了带领一般球队冲击世界杯四强而生。2006年希丁克率领澳大利亚一度让世界杯冠军意大利无所适从。当然，最神奇的是他2002年带领韩国队创历史地进入世界杯四强。

但是这样一位神奇教练有个永远的痛，那就是基本上只能创造神奇，而不能将神奇进行到底。黑马首先就是没有夺冠能力的球队，韩国队再强，再有裁判照顾，夺得大力神杯总是不太可能。希丁克就像荷兰队一样，一直是个无冕之王，成不了真正的王者。

本次世界杯预选赛，希丁克率领的俄罗斯也没有获得出线权。希帅十分郁闷，只能借酒消愁，在睡梦中遇见了梁山军师朱武。希丁克郁闷地感慨：“我怎么就没有冠军命呢？”朱武笑着说：“小希，你要明白一点，咱们最大的问题是咱们都不是最核心的人啊，你每次都只是个过客，能和那些球队真正的教父比吗？你想想里皮，他在意甲多支豪门效力，很多球星都是他的得意门生。人脉加运气，才成就了四年前那个世界杯冠军。咱们心态平和点，是金子总会发光的。”

8 PART 葡萄牙

领袖遭遇色戒故事，叛将组球队脊梁

张爱玲的《色戒》很好地阐释了葡萄牙的领军人物C罗的经历：一个把换女友当成家常便饭的人，遭遇了很多让人啼笑皆非的故事。两位巴西叛将德科和佩佩，就像大小迟尉孙立、孙新一样，用背叛来成就自己的世界杯之梦。这是一支充满话题的球队，值得我们期待。

玉麒麟卢俊义　C罗

水浒中有位关键人物，出场时间很晚，但是名气很大，最后位列武将之首，那就是玉麒麟卢俊义。书中的卢员外一身好武艺，棍棒天下无双，善使矛，原为一员外大户，浪子燕青是其家仆。

吴用设计将卢俊义骗上梁山，但卢员外不愿落草为寇，执意回家，但不料家中已发生了大变故，其妻贾氏已与管家李固做了夫妻，诬陷卢员外勾结叛匪。卢俊义不服，但是无奈这个李固暗中使了银子，屈打成招，被打入死牢，幸得燕青、石秀以及其他梁山众好汉等先后搭救，方免遭毒手。上得梁山后，卢俊义坐上了第二把交椅，成为了总督兵马第一副元帅。

C罗，全名克里斯蒂亚诺·罗纳尔多，出道于里斯本竞技，被弗爵爷一眼看中，惊为天人，后不惜重金买入曼联，而这厮也算是争气，为红魔曼联夺得英超三冠王立下了汗马功劳，自己也一举夺得世界足球先生等多项桂冠，与卢员外一样成为当时足坛第一武将。

卢员外与C罗一个武功盖世，一个球技第一，都有千军万马中取上将首级如探囊取物的实力。C罗和玉麒麟还有一个共同点，那就是都犯桃花劫。卢员外就不需赘言了，自己差点儿让老婆害死。而C罗在这点上更是不诚多让，熟悉国际足球的网友对这位花心大少的风流韵事都了然于胸。从足球宝贝到演艺明星，再到豪门浪女帕里斯·希尔顿，都和他有染。C罗虽没有被搞得个锒铛入狱，但是也受了不少惊吓。不久前，他老人家的前女友就在酒吧门口堵住他质问，吓得这位花心大少赶紧叫来保安逃跑了。

倘若卢员外能坐上时空穿梭机来到今世，肯定会对C罗教导一番："小伙子，红颜祸水，要珍重上天给你的一切，看看我，多惨啊。"C罗或许能痛改前非，从此能有所改变，带领葡萄牙夺得世界杯，那不失为葡萄牙的一大幸事。

双枪将董平　纳尼

马步战将使用枪的不少，但是使用双枪的却不多。天立星双枪将董平就是其中一位。董平，梁山泊第十五条好汉，马军五虎将第五名，原是东平府兵马都督，使一双长枪，勇猛无敌。宋江攻打东平府，用计骗董平到一村镇里，用绊马索绊倒董平。董平感谢宋江不杀之恩，归顺梁山。东昌府没羽箭张清善用飞石打人，弹无虚发，一连打伤宋江手下十几员大将。董平刚投奔宋江，急着立功，请命与张清PK。张清连发三块飞石都被董平闪过。攻打方腊时，董平在卢俊义帐下攻打独松关，被炮火伤了左臂。后来和厉天闰、张韬交战时，董平为救张清，被张韬一刀剁成两段，同张清、周通先后阵亡。

董平善使双枪证明他是个可以左右开弓的全才。当今世界足坛，与董平相似的是曼联边锋纳尼。此君左右两个边路都能完美胜任，是一名强壮而富有创造力的中场球员，拥有出色的技术、速度和争球能力。他也能踢攻击型中场，虽然身高不高，但是身手敏捷，与董平一样是个灵巧型选手。

在2010年进行的红魔与阿森纳的焦点战役中，纳尼在边路上演迷踪步法，直晃得众多枪手缴械投降。此时此刻，如果董平能看见纳尼，一定感慨，此君一定是得了我的真传，我董平终于后继有人，也不枉此一生了。

葡萄牙盛产边锋，球风华丽，但大赛成绩一般，希望奎罗斯能带领这支天赋异禀的球队取得好成绩，不辜负大家的期望。

水浒中很多英雄的原来身份都是宋朝的官员，他们从骨子里面都觉得自己是宋朝的叛将。宋江、林冲、卢俊义等人都是这个心态，所以才有了招安。说到叛将，其实从这帮好汉的口号来说，不能叫背叛，因为他们是只反贪官，不反朝廷。而这当中少有的几个能算得上是真正背叛的，要数地勇星病尉迟孙立了。

孙立，此君原是登州兵马提辖，精熟弓马，武艺过人。为了解救解氏兄弟，劫了牢房。此后在攻打祝家庄时立下了大功，排名梁山好汉第三十九位，封梁山马军小彪将兼远探出哨头领第二名。

当今世界足坛也有些“背叛”的球员，当然，这个背叛一般都是要打引号的。我这里说的背叛是指改变国籍加入别的国家队。这当中比较有代表性的就是葡萄牙队的中场核心德科。德科是土生土长的巴西人，曾效力于巴西圣保罗队，98/99赛季转会葡萄牙波尔图队。在人才济济的巴西队中没有德科的位置，所以此君采取了曲线救国的路线——换国籍，以赢得表现的机会。

2003年，在波尔图效力满5年后，德科获得了葡萄牙国籍，并随即入选葡萄牙国家队。他的入选遭到了葡萄牙黄金一代的极力反对，毕竟作为一个外来人，要赢得队友的信任是不容易的。

但是德科毕竟不是泛泛之辈，他作为现代型中场，进可攻退可守，能良好地贯彻教练的意图，执行力强，并兼备巴西人的细腻技巧与欧洲人的纪律性。

与传统的巴西中场核心相比，德科的拼抢能力十分突出，加盟巴萨的第一个赛季，德科的犯规数位居西甲第一，可见他的拼抢多么积极。德科用实力说话，很快就融入到了新的群体中去。

2006年世界杯上，当时的巴西中场组合是埃莫森和泽·罗伯托，两名老将起到的作用十分有限，很多专家表示，其实巴西队最需要的就是德科这样的攻守兼备的中场核心，但是他已经“背叛”了。

小尉迟孙新　佩佩

古代封建社会是个男尊女卑的时代，但不是所有的人都这样，也有些男人在家里是妻管严，大事小事得要女人做主，水浒中的地数星小尉迟孙新就是这样一位。

孙新祖籍琼州，此君生得高大威猛，又和他哥哥学得一身好本领，人称小尉迟。后来，孙新娶了顾大嫂为妻。这个顾大嫂可是个厉害的角色，相比之下，孙新就显得差了几分。解珍、解宝被毛太公陷害入狱，孙新与顾大嫂联络邹渊、邹润等一些好汉，劫了大牢，救出解家兄弟，与梁山人马一起，打败祝家庄，杀了毛太公，一起投奔了梁山泊。

我们这里绝没有贬低孙新的意思，只是陈述事实。与小尉迟孙新对应的是葡萄牙球星德科。这位足坛小尉迟也是位巴西叛将，他就是西甲豪门皇马的葡萄牙后卫佩佩。

佩佩在葡萄牙马尔蒂默声名鹊起，赢得了葡萄牙众多豪门的注意，并在2004年转会波尔图。佩佩在该队的第一年表现一般，但是金子总会发光的，在波尔图的第二赛季，他就成为球队的绝对主力。同年，佩佩拿到了欧盟护照，成为一名拥有葡萄牙和巴西双重国籍的欧洲公民。

2007年7月10日，波尔图主席达科斯塔宣布皇马击败了诸多竞争对手以3000万欧元的天价得到了佩佩。消息一经传出，全世界足坛为之震惊！

人们说佩佩的腿上有把剪刀，因为他可以铲掉所有的球。他还拥有无瑕的控球技术、完美的战术能力和极其冷静的头脑。佩佩是一名完美的中后卫，他强壮而智慧，在空战中拥有绝对优势。

但是这样一位出色的球员还是选择做了巴西叛将，成为了葡萄牙队继德科后的又一雇佣军。或许是上天的安排，南非世界杯巴西和葡萄牙被分在了一组。这两位巴西叛将将面对自己的祖国，看着对方的五星桑巴球衣，心中必定有番说不出的滋味。

9 PART

德国

钢铁战车能否再续辉煌

德国队，一支从来不知道服输为何物的钢铁部队，像极了今年奥斯卡最佳影片《拆弹部队》中的队伍，拥有无比强悍的意志力。队中的领军人物巴拉克和双鞭将呼延灼一样，都是技术全面的悍将。克洛泽和拉姆等人也会竭尽所能，带领球队取得好成绩。让我们共同期待德国战车的表现吧。

双鞭呼延灼　巴拉克

古代马上战将一般使的是长兵器，比如长枪、戟，但有一位大将使的却是双鞭，他就是天威星双鞭呼延灼，梁山泊第八条好汉，马军五虎将第四。呼延灼使一双铜鞭，骑一匹踢雪乌骓马，武艺高强。宋江兵马杀了高俅的弟弟高廉，高俅得知大怒，立刻推举呼延灼为兵马指挥使攻打梁山泊。呼延灼用连环马连败梁山兵马。正在大家纷纷无计可施之时，金钱豹子汤隆献计徐宁用钩镰枪可以破连环马。吴用设计派时迁去东京偷了徐宁的雁翎圈金甲，骗徐宁上了梁山。徐宁的钩镰枪果然破了呼延灼的连环马。呼延灼单枪匹马逃到青州，青州知府让他带人攻打桃花山、二龙山。二山众英雄随即向梁山求救，梁山泊人马赶到桃花山、二龙山救援，用计把呼延灼骗到陷坑里活捉。

很多人对呼延灼的评价都是脾气火暴，有勇无谋。但是我认为这些都只是表面现象，双鞭将独创了战斗力极强的连环马部队，其智谋心智都远胜于常人。此外，呼延灼善使双鞭，如果头脑不够灵活，是玩不转的。而世界足坛同样有左右脚都很均衡的高手，此人就是德国国家队场上队长巴拉克。巴拉克成名于德甲勒沃库森，后在拜仁成为埃芬博格的接班人，而后成为蓝军切尔西的钢铁中场。

巴拉克秉承了日耳曼战士的优良传统，拥有钢铁般的意志，是球场上的真战士。他的成名作就是当年在勒沃库森对阵利物浦时，左右开弓射进两记精彩远射，从此巴拉克一举成名。巴拉克一生最大的遗憾就是落了个亚军收集者的名号，韩日世界杯亚军、欧冠亚军、欧洲杯亚军，总之就是没有冠军的命。这一点，不但巴拉克扼腕，球迷们也是费解。

跳涧虎陈达　克洛泽

古代的战将都有不错的身法，虽不是每个都有戴宗那般日走一千、夜走八百的绝技，但是也差不了太多。水浒中的地周星跳涧虎陈达就是其中的一位。此君原是少华山头领，而后随史进一起归顺梁山。他善使钢枪，身法敏捷，性格上豪放粗鲁。

陈达有跳涧虎的美誉，可见他的武功蛮横霸道，身体灵活，很有气势。当今世界足坛也有位球星和他很像，那就是德甲巨人拜仁慕尼黑的德国前锋克洛泽。

出生于波兰的克洛泽成名于2002年韩日世界杯首轮小组赛与沙特队之战中，当时24岁的克洛泽出尽了风头，他接连三次以头球方式攻破了对手的球门。其中在打进第二个进球之后，克洛泽还完成了一个出人意料的庆祝动作。当时他先是貌似平静地跑向场边，然后突然完成了一系列空翻动作，真好比能跳跃山涧的猛虎。

克洛泽刚出道时，被誉为头球王。虽然身高不算特别出众，但是惊人的弹跳、良好的意识帮助他总能抢到点完成绝杀。随着年龄的增长，克洛泽不断完善自己的技术，现在他的盘带技术已经很不错了，再没有人认为他是个只会头球的空中轰炸机。

连续两届世界杯，克洛泽都有出色的表现。本届南非世界杯，他将面临年轻的戈麦斯和科隆王子波多尔斯基的强力竞争，已过而立之年的老克光吃老本恐怕不行，得来点新鲜玩意儿，不妨多看看《水浒传》，和陈达学学，恢复以前的轻灵和迅猛，没准能打动主帅勒夫，保住主力位置。

石将军石勇　马里奥·戈麦斯

古人常说，金玉其外败絮其中，讲的就是有的人空有名气，但是没有相应的能力。水浒中地丑星石将军石勇就是这样一位。此君原是大名府人，以开赌馆为生，江湖人称石将军。他一拳打死了出老千的赌徒，吃了官司投奔柴大官人，后在宋江家住了几日，宋太公托他送信给宋江，正好在对影山不期而遇，后被请上梁山。

石勇这个石将军的名头并非因为英勇和武艺，更多的是虚名。他没有什么真正的过人表现。当今足坛也有位巨星和他一样，名气大于实力，他就是拜仁队的德国前锋马里奥·戈麦斯。

马里奥·戈麦斯出道于斯图加特队，他的横空出世给当时老迈的德国国家队锋线提供了新鲜血液。身高189厘米的戈麦斯高大强壮，同时又不乏速度，而且善于在边路创造机会，让人们想起了当年的克林斯曼。但是不知道为什么，戈麦斯一到大赛就疲软，乏善可陈。在2008年欧洲杯上，马里奥的表现令人失望，小组赛全部首发却屡屡错失必进球，决赛时被寄予厚望却依然无功而返。转会德甲豪门拜仁慕尼黑后，又总显得不温不火，还被奥利奇抢去了主力位置。

看来，戈麦斯同学要好好总结总结——自己有实力，有潜质，就是缺乏历练和稳定的发挥，离真正的超级巨星还差那么一点儿。加油吧，戈麦斯，希望这次南非世界杯你能破茧成蝶，我们共同期待。

拉姆

水浒中有八位专门打探消息的好汉，地刑星菜园子张青就是其中一位。张青本在孟州道光明寺种菜，因小事杀了光明寺里的僧人，出逃后在大树坡做劫匪，结识了孙二娘，便在十字坡开设酒店，用蒙汗药杀害过往行人，做人肉包子的生意，后来跟随二龙山众头领加入梁山泊。

此君专门用蒙汗药害人，属于典型的攻其不备、心狠手辣。表面上弱小，但是你一旦不注意，肯定能致你于死地。当今世界足坛也有一位这样能趁人不备就瞬间夺去“性命”的巨星，他就是拜仁的德国后卫拉姆。

拉姆，出道于斯图加特，成名很早，防守出色，进攻犀利。出任左后卫的他拥有极强的助攻能力，并且在对方禁区前攻击方式多变，突破下底或边线内切均有一套。此君最大的特点就是很不起眼，德国球员大多是高大威猛，力量十足。但拉姆确是当中的异类，170厘米的身高，61公斤的体重，让他在场上仿佛隐形人一样。

但是，你要是忽略他，就会付出代价。在2006年世界杯首场比赛中，德国队对阵哥斯达黎加，上半场比赛进行到6分钟时，德国队前场发动进攻，小个子队员拉姆急停摆脱对手后防队员，禁区左上角一脚劲射，皮球直挂右上角，击中门柱后弹入网窝，打进了本届世界杯的首粒进球。

南非世界杯如果不出意外，拉姆还将作为德国国家队的主力右后卫出战。他在时刻准备着，等对手麻痹的时候，给对方致命一击。

母夜叉孙二娘　**普利茨**

要问水浒中最狠的人是谁，答案很多，毕竟各位都是草莽出身，都够吓人的，但是有位女士，杀气之大令人生畏，她就是地壮星母夜叉孙二娘。

孙二娘出身于黑店世家，专做人肉包子生意，书中有这么几段描写：墙上挂了几张人皮，梁上吊了几条人腿，别看短短这么几句话，让人看了以后真是不寒而栗，实在是太狠了。当今世界女子足坛，也有位视进球如草芥，可以“杀人”于无形的巨星，她就是德国女足的头牌前锋普利茨。

1994年，年仅16岁的普林茨入选国家队，一年后就在FIFA女足世界杯上获得了亚军。2003年凭借优异的表现，她如愿以偿地成为了世界足球小姐。在2007年的女足世界杯上，普利茨率领德国女足在决赛中战胜了几乎不可战胜的巴西队。

如果是玛塔是艺术足球的化身，那普利茨就是高效的代名词。她身材高大而强壮，抢断凶狠，速度快。她的崛起让当年如日中天的美国队失去了王座，使德国女足登上了巅峰。和孙二娘一样，她是女中豪杰，有比男人还狠的意志。

普利茨获得的荣誉之多真可谓是车载斗量，她三次打进世界杯决赛，两次捧起世界冠军奖杯。1999年第一次决赛对垒挪威，她只有不到半场的表演机会；2003年她以绝对核心的身份帮助球队拿到冠军；而第三次，她仍然是冠军球队中最闪耀的一个。不仅仅是因为那粒金子般的进球，更因为她本身就代表了女足运动的一个传奇。

10 PART 非洲

我一直有双隐形的翅膀

非洲军团一直拥有雄厚的实力，只需要一个契机，破茧成蝶，一飞冲天。如今，主场作战的非洲列强一定可以展开隐形的翅榜，展翅高飞。

德罗巴，埃托奥，埃辛，一个个享誉世界足坛的名字，必将让此次世界杯成为黑珍珠们闪耀光芒的一届。

黑旋风李逵　德罗巴

水浒中最贴近老百姓的人物是谁？个人认为黑旋风李逵绝对可以算是其中之一。李逵是施耐庵着墨最多、性格最为鲜明丰满的人物形象之一。对这位梁山猛将，历来评价很高，或认为他最具反抗意识，或认为他嫉恶如仇。

李逵，排梁山英雄第二十二位，是梁山步军第五位头领。宋江被发配江州，吴用写信让江州两院押牢节级戴宗照应。戴宗传梁山假书被识破，两人被押赴刑场杀头。这时，李逵大侠出场了，率先挥动一双板斧打去，逢人便杀，勇猛无比。上梁山后，李逵思母心切，就回沂州接老母亲。翻越沂岭时，老母亲被老虎吃了，李逵生气杀了四虎。招安时，李逵不愿接受，大闹东京城，扯了皇帝诏书，要杀钦差，还砍倒了梁山泊杏黄旗，要反攻东京，为宋江夺皇帝位子。

李逵受招安后被封为镇江润州都统制。宋江饮了高俅送来的毒酒后，一想到自己死后李逵肯定要聚众造反，怕坏了梁山泊的忠义名声，便让李逵也喝了毒酒。可叹一员悍将，就这样了此一生。

李逵属于典型的喜剧英雄人物，与三国中的张飞、《杨家府演义》中的焦赞和孟良、《说唐》中的程咬金一样。国际足坛也有这样一位巨星，他就是英超豪门切尔西的科特迪瓦前锋德罗巴。

德罗巴是当今世界足坛强力中锋中的翘楚，强悍的身体素质，爆发力极强，后卫很难防守。德罗巴一向是顶级后卫的梦魇，因为他带球并不以花哨的动作闻名，而是以魔兽般的冲击力、猎豹般的速度、狮子一样雄健的体魄将防守球员远远甩在身后，实用性很强，很难防得住。德罗还拥有优秀的门前嗅觉，果断的临门一脚，令再好的守门员也无计可施。

德罗巴被球迷所广泛熟知，是加盟蓝军切尔西之后，助球队两夺英超冠军。在欧洲赛场，德罗巴也是威风八面，多次凭借一己之力救球队于水火之中。国家队生涯上，魔兽率领科特迪瓦连续两届杀入世界杯32强，并多次射进关键入球。

德罗巴是战神，是球迷的宠儿，是所有教练员心中的不二主力人选。但是和李逵一样，德罗巴有时会“变身”成一头失控的江湖怪兽。他初入英超赛场时屡次吃红黄牌，还因为大嘴巴招致了很多非议。尤其在08/09赛季欧冠决赛中，失控的德罗巴与曼联后卫维迪奇发生肢体冲突，被罚下场，成为球队的罪人。后来，德罗巴同样在欧冠半决赛中不满裁判而做出不冷静举动，遭到欧足联的处罚。

容易失控，不冷静，是德罗巴和李逵的特点，但是他们也有一个共同的特点，就是率真、豪爽、敢作敢为，而且都很重情义。李逵虽然反对招安，但是对宋江还是毕恭毕敬。德罗巴最尊敬的人就是穆里尼奥，他多次表示可以为魔力鸟断腿，可见他们都是大忠大义之人。

如今，德罗巴和穆里尼奥各为其主，将经常兵戎相见。李逵要是有幸来到当世，一定要问问德罗巴，我可以想象他们之间的对话：

李逵：“德兄，你怎么可以对付你的兄长？你不讲义气！”

德罗巴：“唉，这就是足球，我们都是为了生活。”

李逵：“不对，你就是不对，我是不会背叛宋江大哥的。”

德罗巴：“你这叫愚忠。你难道忘了你是怎么死的？”

李逵沉思片刻：“是啊，我最后死得那么惨，真的是我错了吗？”李逵百思不得其解，到底如何呢？他望望远处的月光，心想：“看来这个时代不属于我，还是回宋朝吧。”

立地太岁阮小二　埃托奥

古人云：兄弟齐心，其利断金。讲的就是兄弟团结，可以干成大事。这当中老大的作用最明显，老大不一定是最厉害的，但是却必须是精神领袖，关键时刻可以鼓舞士气。天剑星立地太岁阮小二，在梁山好汉中排名第二十七位，梁山四寨水军头领第四位。阮小二、阮小五、阮小七三兄弟，个个武艺出众，敢赴汤蹈火。众英雄在黄泥冈用蒙汗药麻倒杨志，抢了生辰纲。济州府派何涛到郓城县捉拿晁盖等，幸亏有宋江事先通知，众好汉避到石碣村。官军追到时，被阮小二兄弟在芦苇港全部消灭干净。高俅等几次攻打梁山泊，阮小二兄弟率水军大出风头，建立奇功伟业。宋江攻打方腊时，阮小二率水军袭击南军水寨，遭南军火排袭击，阮小二正要跳水逃跑，被挂钩搭住，他不愿受辱，自刎而亡。

当今世界足坛也有很多三兄弟中的老大，他们可能不是球技第一的人物，但是却总能在关键时刻一锤定音，是真正的大哥级人物，最突出的代表就是国际米兰的喀麦隆前锋埃托奥，很多人会问，他和谁是三兄弟啊？这里我要解释一下，我说的三兄弟，是埃托奥和梅西、亨利组成的巴萨三叉戟。

埃托奥成名很早，早在1998年，埃托奥以17岁3个月成为法国世界杯年龄最小的球员，也是那届世界杯唯一的“80后”球员。之后，埃托奥在西甲豪门马德里几进几出，逐渐成为世界上最优秀的射手。埃托奥真正成为世界巨星是在2004年来到皇马死敌巴萨后，此后，非洲猎豹逐渐成为了西班牙乃至世界最出色的射手。

埃托奥速度快、强壮，把握机会能力强，像一只非洲猎豹一样，时刻威胁对方的大门。他最可怕之处就是反击时的一击致命，不少顶级中卫像维迪奇、卡纳瓦罗等面对快速反击中的非洲猎豹都变得很狼狈，他就是后卫的噩梦。2006年欧冠决赛，巴塞罗那对阵阿森纳，埃托奥攻进了关键的扳平入球。2009年欧冠决赛，又是他晃过防守队员，攻进了决定胜局的第一球。

埃托奥在球队中从来都不是一号球星，两次夺得欧洲冠军杯，球队的一号球星一次是小罗，一次是梅西。他没有小罗的天赋异禀，没有天蝎摆尾的华丽盘带，也没有梅西那般轻盈飘忽的本事，更没有那穿花蝴蝶穿花丛般的脚下技术。但是他和阮小二一样，是大哥，是领袖，是球队取胜的基石，是关键时刻一锤定音的关键先生。这点从他转会国米可以很好地看出，国米曾经不知欧冠八强为何物，得了埃托奥后，击败了如日中天的蓝军切尔西。

在世界杯赛场上，埃托奥取得的成就远不如他的几位兄弟，这也让他在世界足球先生的评比中屡屡败北。

毛头星孔明　科洛·图雷

古代中的兄弟战将很多，水浒中尤其多，阮氏三雄和解氏双雄，是当中的杰出代表。当然，我们还不能忘了一对兄弟，他们就是孔氏双杰。哥哥地猖星毛头星孔明，看不惯当地的土财主，一怒之下，杀人吃了官司，从此干上了占山为王、打家劫舍的勾当。后为救被官府关押的叔叔，孔明与青州官府人马展开激战，被呼延灼生擒。宋江得知，带着大队人马攻下青州，救出了孔明。孔明投奔梁山，被封为守护中军步军骁将。

孔明的出场很有大哥派头，头戴毡帽，手持一条哨棒，背后跟着一群人，都是手拿白棍。一看就知道是当家的，很有领袖气质。当今世界足坛，兄弟球员不少，但是能有毛头星孔明这般威风的首推科特迪瓦的图雷兄弟中的大哥科洛·图雷。

科洛·图雷出道很早，21岁时来到阿森纳。当时枪手的后防正处在新老交替阶段，实力不俗的大图雷很快找到了自己的位置。胜任中后卫和边后卫两个位置的他成为后防的重要轮换队员之一，之后随着亚当斯等人的相继退役，大图雷逐渐成为枪手的后防核心。

大图雷强壮，力量足，不惧怕任何身体对抗，在英超这个强调身体对抗的联赛，可谓如鱼得水，枪手03/04赛季的不败神话，他是重要的缔造者之一。图雷最大的特点是领袖气质，无论是在阿森纳，还是在现在的曼城，他都是球队的精神领袖。尤其是在曼城，加盟第一个赛季，就当上了场上队长，可见他和孔明一样，都是大哥级的人物。

科特迪瓦今年也获得了南非世界杯决赛阶段的资格，拥有大小图雷和德罗巴等猛将，又是半个主场作战，相信能有所作为。

独火星孔亮 亚亚·图雷

弟弟地狂星独火星孔亮经历和哥哥差不多，一起打过枪，一起坐过牢。但是孔亮与哥哥还是有些区别的，首先是个头上要高出不少，其次是更加全面、更有潜力。这和大图雷的弟弟小图雷正好一样。

小图雷全名叫亚亚·图雷，出道于比利时贝夫伦队，后被法甲摩纳哥队相中，凭借优异的表现，在2007年被西甲豪门巴萨队收到帐下。从此，人们提到图雷时，想到的更多是这名小图雷，因为在不少专家的眼中，小图雷的天赋更高，更有成为巨星的潜质。

亚亚·图雷在巨星云集的巴萨能有一席之地，靠的是超强的实力。此君身体强壮，防守面积大。巴萨的中场都是技术出众的矮脚虎，哈维、伊涅斯塔都是策划进攻、穿插跑位的高手，而小图雷就成了为他们保驾护航的领航员，帮他们扫平障碍。

尤其难能可贵的是，虽然是防守型中场，而且身高达到了190厘米，但是小图雷依然有出色的技术和出众的大局观，在巴萨的短传体系中如鱼得水，甚至多次上演连过数人单骑闯关救主的好戏。08/09赛季国王杯决赛中，客串中后卫的亚亚连过毕尔巴鄂竞技队4名防守球员，最后在禁区边缘大力抽射入网，为巴塞罗那扳平了比分，一时间成为了巴萨球迷津津乐道的话题。

小图雷还可以胜任多个不同的位置，欧冠半决赛第二回合对阵切尔西、决赛对阵曼联，均临危受命出任中后卫并且不辱使命，为巴萨夺得三冠王立下了汗马功劳。

大小图雷球风朴实，更多的被当做豪门巨星们的陪衬绿叶，是很多球迷心目中的偶像，再次祝愿科特迪瓦能在南非世界杯走得更远。

鬼脸儿杜兴 埃辛

人们常说，人不可貌相，海水不可斗量，但是人们的世俗观念很难改变，很多英雄好汉就因为长相一般只能安于人后，大众对他的关注度也低了很多。水浒中的地全星鬼脸儿杜兴就是如此。

杜兴在蓟州惹过事，多亏杨雄出手相救。杨雄、石秀为救被祝家庄人马捉去的时迁，只好求助李家庄庄主手下做事的杜兴。杜兴请李应救时迁时，结果李应被祝彪的冷箭所伤。宋江打下祝家庄后，李应、杜兴上了梁山。

杜兴外号叫鬼脸儿，长相丑陋，晚上出来能吓死人。有位球星的长相也是够吓人的，他就是英超切尔西的加纳中场巨星埃辛。

埃辛，成名于法甲里昂，在04/05赛季的冠军联赛出场10次打进5球，并于同年当选为法国足球先生。2005年8月埃辛转会英超切尔西，成为蓝军中场后腰的不二人选。埃辛身体素质出众，动作敏捷，机动性极强。防守上，他对球路判断准确，站位合理，球风凶悍，拼抢和铲球从不惜命。进攻上，埃辛善于抢点，还有一脚大力远射的功底。埃辛虽然防守粗犷凶狠，但是技术相当细腻，传球精准，盘带实而不华。其防守技术可以与马克莱莱相比，攻击力上能和兰帕德一较高低，而且体能强劲，亦曾多次担当后卫，是名不可多得的全能型防守球员。

埃辛是一个纯粹为了足球而生的战士，他没有小贝的帅气外表，没有小罗等球星的搞怪功夫。但他在足球方面的功底，依然为他赢得了相当数量的粉丝。

加纳队在南非世界杯和德国、塞尔维亚、澳大利亚分在了D组。大战在即，埃辛在准备着，期待他能有好的表现。

活闪婆王定六　马丁斯

水泊梁山周围的酒店都是一个个暗藏的哨所，里面的好汉虽然武功不是最出类拔萃的，但是都各有特点，地劣星活闪婆王定六武功稀松平常，但弹跳力出众、反应敏捷，无人能及。活闪在西南语就是闪电的意思，王定六被称之为活闪婆，生动地体现了他身手矫健、敏如闪电的特点。

王定六虽没有戴宗那般日行一千、夜走八百的超凡实力，但是也算是梁山的快腿之一，而且尤为擅长跳跃，他要是参加跨栏比赛，没准能和刘翔飞人一较高下。当今世界足坛也有位跑跳能力出众的巨星，他就是德甲沃尔夫斯堡队的尼日利亚前锋马丁斯。

马丁斯出道时曾经给人们带来无限的遐想——又一个非洲天王诞生了。在02/03赛季的欧洲冠军联赛中，这名年仅18岁的黑人前锋，在同组卡斯尔联队以及AC米兰队的比赛中，各攻入1粒进球。他和阿德里亚诺曾被媒体认为是国米未来十年的最佳锋线组合。

马丁斯身体素质极为出色，尤以速度见长。在一项专门对足坛快马百米速度测试中，马丁斯以10.4秒力压C罗、沃尔科特等众多快马，是名副其实的“活闪婆”。而且与王定六一样，马丁斯还是个跳跃高手，在国米踢球时，每次有漂亮的进球，马丁斯都要上演如体操运动员般专业的前后空翻。国米老板担心他受伤，下令禁止他上演此类的庆祝动作。

但马丁斯注定只是一颗流星，他不但没有取得像乔治·维阿那般的天王级地位，甚至还不如自己的同胞卡努。离开国米后，我们很难再次见到那个像黑色闪电一样在球场上奔驰的马丁斯，更少看到让人叹为观止的空翻。他和王定六一样，也许大多数时候只能默默无闻。

今年，马丁斯将代表尼日利亚参见世界杯。每次世界杯，非洲雄鹰都被期待成为黑马。今年的尼日利亚能否像1998年法国世界杯那般惊艳，还得依靠马丁斯等人的发挥。马丁斯如果向水浒中的王定六学习，多元化发展，丰富进攻手段，没准能让突破更加犀利，重现往日辉煌。

险道神郁保四 卢卡斯·拉德贝

古代打仗非常讲究阵法，那时没有电话、电报等传播工具，要想向各路人马传达指令就必须靠旗手指挥。在水浒中就有一位好汉，专执一把帅字旗，指挥众好汉进退，他就是地健星险道神郁保四。

郁保四原来是曾头市的强盗，身高一丈，膀大腰圆，当道一站，万夫莫开，江湖人称险道神。梁山段景住等人前去买马，不想被在青州被险道神郁保四抢去了。宋江甩众好汉攻打曾头市，郁保四被交了出来，后投靠梁山，助众好汉大破曾头市。

2010年世界杯的将在南非举行，东道主队中有一位精神领袖，他就是前国家队队长卢卡斯·拉德贝。他像一名旗手一样，指引着球队前进。上个世纪90年代就看英超的球迷，一定还对这位利兹联队长有印象。他是南非足球的第 位在欧洲赛场扬名立万的球星，甚至被总统曼德拉誉为：“他就是我的偶像！”

球员时代，拉德贝是利兹联队的当家后卫，并在这支青年禁卫军中担任队长的职务。他的高尚的人格，出众的防守技术，直到今天还被很多利兹球迷所津津乐道，当地甚至有商家要用他的名字来命名自己的产品。

拉德贝是伟大的，他虽然不能作为战将为国效力了，但是正和郁保四一样，可以用令旗指挥大家，调度各种力量为南非国家队加油。

11 PART 其他

告诉自己做得到，一切皆有可能

有人说，世界杯是几大豪门的舞台，诚然，豪门球队受的关注显然是最多的，但是那些冷门球队依然有很多绝世高人值得期待。毕竟，世界杯是个大舞台，一切皆有可能。

神医安道全　米卢

刀剑无情，战争很残酷，英雄好汉再有过人的本领也免不了会遭遇伤病，而这时一位杰出的随队大夫就显得弥足珍贵，关键时刻抵得过千军万马。《水浒传》里的地灵星神医安道全就是这样一位，此君医术高明，人称“当世华佗”。

话说宋江率军攻打大名府时，身染重疾，只能回师梁山。得知安道全有妙手回春之术，遂派张顺去请，最终费了一番周折上了梁山，不但救了宋江的命，还救活了梁山许多好汉。宋江征讨方腊时，皇帝诏安道全进宫治病未能出征，梁山好汉因未能及时救治而伤亡惨重。

当今世界足坛也有位“妙手神医”，可以化腐朽为神奇，而且屡试不爽，他就是前中国国家队主帅米卢蒂诺维奇。说到米卢，给所有中国球迷印象最深的肯定是2001年率领中国国家队冲出亚洲，杀进了2002年韩日世界杯。虽然小组赛三战三负，但是能到世界杯上走一回，已经很让国人满意了。此后几年中国男足每况愈下，连着两届连十强赛都无缘，使得国内球迷越发怀念米大叔。

其实米卢也没有什么特别精妙的指挥技巧，也没有在世界杯上取得令人信服的成绩，但他的神奇之处就是擅长带弱队出线。这其中的奥秘在哪儿呢？大家一致认为，米卢是一位善于调节球员心理的大师，尤其是在处理错综复杂的球员关系时，有自己独到的手段。记得当年十强赛第一场，中国队大胜阿联酋，当郝海东进球后，范志毅范大将军竟第一个冲上前来拥抱他。一直以来两位中国队的大佬是面和心不合，但是在米卢的调教下，这支球队爆发出超强的凝聚力，创造了举世瞩目的成绩。这恐怕就是人们常说的——一头狮子率领的绵羊一定可以战胜一头绵羊率领的一群狮子。

米卢是为世界杯而生的。最近江湖传闻米卢将再次出山，带领一支球队参加南非世界杯，而这支球队就是数次创造奇迹的朝鲜队。神奇教练加上神秘之师肯定能擦出火花，如果能成行，那将是米卢的第六次世界杯之旅。

托塔李天王晁盖　阿维兰热

这里我明确一个概念，因为晁盖死得早，书中也是把他去了的，但是我就要把他留下，因为他是奠基人。世界足坛也有这么一位奠基人，他不是乘风仙去了，而是暂时归隐了，他就是前世界足联主席阿维兰热。

《水浒传》中前期梁山首领晁盖，家住郓城县晁庄。据传晁盖为人忠厚，敢于为民伸张正义，在群众中很有威望。晁庄东北20里有个东市村，村中有个教书先生名吴用，足智多谋，是晁盖的好朋友。他们联合赤发鬼刘唐、入云龙公孙胜，还有阮氏三雄等人一起劫了生辰纲，为水泊梁山的建立立下了不朽的功勋。虽然很多人觉得晁盖空有其名无有其实，但是我们应该给他一个公道，把晁天王放在首位。

劫了生辰纲的晁盖奠基了梁上的伟业，这里和阿维兰热先生一样。1974年德国世界杯开始之前，国际足联进行了换届选举，结果巴西人阿维兰热成为第一位不是来自欧洲的国际足联主席。而正是他让足球真正成为世界第一运动，现任世界足联主席的布拉特也是他一手带出的。此等丰功伟绩，如果不能位列群雄，实在有失公允。

小旋风柴进　阿布拉莫维奇

无论古今中外，有钱人总是很受关注。如果此人再有些侠义之心，肯定能结识一堆武林高手。柴进，在梁山泊英雄中排行第十，是大周皇帝柴世宗的后代，人称柴大官人，专爱结交江湖好汉，外号“小旋风”。林冲发配沧州，路过柴家，与柴进交好。柴进家叔柴皇城，在高唐州被高廉的内弟殷天锡欺侮。柴进自持祖上有陈桥让位的功绩，宋太祖发有铁券丹书，不怕殷天锡仗势欺人。谁知殷天锡竟打死了柴皇城，要霸占柴家花园，后被李逵打死。柴进被高廉捉住要判死罪。宋江、吴用带梁山兵马，攻打高唐州，救出奄奄一息的柴进，送上了梁山。在梁山，柴进和扑天雕李应掌管钱财粮物。

在当今世界足坛，虽然球星们个个年薪百万，有的还有不菲的广告费，但是与球队老板相比，还是小巫见大巫。而这些老板中最有柴大官人风范的，当首推英超蓝军切尔西老板——阿布拉莫维奇。此君当年买下蓝军后，掀起了一股囤积球星的风潮，使得众多俱乐部有了流动资金，大牌球星身价也是一路暴涨，真乃当代足坛第一旋风啊。

阿布是富可敌国的俄罗斯金融寡头，他除了在球员转会市场上一掷千金外，在场外过的是纸迷金醉的奢靡生活。前段时间就爆出阿布与新女友在纽约某家高级餐厅用餐，一顿便饭花了5万美元，光给服务员的服务费就近万美元。如此的大手笔，若是小旋风见了，恐怕也不得不自叹不如。

金枪手徐宁　维迪奇

钩镰枪是一种对付骑兵的上佳防守武器，掌握这种武器的人，都是最好的守城大将。梁山第十八条好汉天佑星金枪手徐宁原来是京师金枪班教头。宋江被呼延灼连环马打败后，吴用用计让时迁盗甲骗徐宁上了梁山。徐宁教梁山好汉使用钩镰枪打败呼延灼，立下大功。宋江征讨方腊时，兵马走到杭州城东新桥，徐宁去救郝思文，结果被毒箭射死。

徐宁为梁山的安危出了很大的力，虽然他不曾像林冲等众多武将们攻城拔寨，屡立新功，但他的防守功劳同样不可小觑。当今国际足坛也有很多防守大师，他们都用自己坚实的臂膀为球队守住了大门。这其中，塞尔维亚和曼联的球星维迪奇是当中的翘楚。

维迪奇可谓少年得志，弱冠年纪就当上了贝尔格莱德红星的队长，而后转会莫斯科斯巴达成为俄罗斯联赛的最佳防守队员，再后来，维迪奇来到了红魔曼联队，成为弗爵爷的爱将。随着曼联英超三连冠，并于2008年获得欧冠冠军，维迪奇多次被欧足联评选为最佳后卫。

维迪奇身高体壮，防守凶狠，头球尤其出色，经常能关键时刻头球得分，救球队于危难时刻。更加难能可贵的是，维迪奇像巴尔干雄鹰一样，拥有超强的意志，成为很多王牌前锋的噩梦，即使是德罗巴这种魔兽级前锋也被他治得服服帖帖的。

但是没有什么是完美无缺的，徐宁的死穴就是他的圈金甲，梁山得了此甲，徐宁也就只能归顺梁山。维迪奇也有死穴，那就是惧怕速度型灵巧前锋。在英超赛场，托雷斯是他最大的苦主，每次交锋，平时威风八面的他总是陷入被动挨打的局面，几乎每场比赛都被金童搞得狼狈不堪。2009年欧冠决赛中，埃托奥那记进球彻底把他击倒了。很多专家都指出，转身慢、防守过于毛躁是他的最大问题。

2010年塞尔维亚顺利进军南非世界杯，维迪奇又要面对很多灵巧型前锋，若他有幸能看见我的文章，一定能得出一个结论：这个徐宁有这么个宝贝盔甲，我何不坐上时光机，也去他家先行盗得此甲呢？穿上这个无敌的盔甲，我的防守功夫也有望一日千里。得此一甲，胜过千军万马啊！君不见，澳大利亚的索普不就靠着鲨鱼皮泳衣称霸泳坛吗？

水浒中的英雄好汉大多有着能体现性格的面容，刘唐就是这么一位。刘唐，梁山英雄第二十一名，排步军头领第三位，使一把朴刀。梁中书因丈人蔡京过寿，要送价值十万贯的生辰纲到东京，消息被江湖好汉赤发鬼刘唐得知，便找到托塔天王晁盖劫生辰纲，终于干出了一番惊天动地的大事。后来，白胜被捕，供出了晁盖。宋江走漏消息给晁盖，晁盖、吴用、公孙胜、刘唐和阮氏三兄弟打败追捕的官兵，上了梁山。征讨方腊时，刘唐在攻打杭州的战斗中阵亡。

刘唐的相貌最突出的一个特征就是因鬓边生有朱砂记，上面生一片黑毛，故人称“赤发鬼”。如今，球星留胡子的比比皆是，头上有朱砂记的却几乎没听说过。但是就在不久前，一位球星因为头部中弹，也在头上开了个朱砂的印记。他就是巴拉圭队核心球员萨尔瓦多·卡巴纳斯，他于2010年1月份的一个清晨在墨西哥城一家酒吧的卫生间里遭枪击，头部中弹。

卡巴纳斯是一名大器晚成的球员，圣克鲁斯、卡多佐、巴尔德斯、奎瓦斯在国际足坛有着相当的知名度，比起他们，卡巴纳斯就显得默默无闻，但他却有着非凡的实力。

在巴拉圭队中，卡巴纳斯主要出任前锋身后的影子前锋。世界杯南美区预选赛上，他为巴拉圭队打进了6个价值连城的进球，成为球队头号射手。值得一提的是，在与阿根廷和巴西两强的交锋中，卡巴纳斯都有进球入账。

在水浒中，刘唐有过两次送信的事情，一次是去给晁盖送信，另一次是给宋江送信，最终导致宋功名吃了官司，后来上了梁山。我不知道是不是上天的安排，刘唐是宋江入狱的直接责任人。而卡巴纳斯的一粒进球将巴拉圭送进了世界杯，却使马拉多纳率领的阿根廷差点儿陷入万劫不复的境地。

丑郡马宣赞 本特纳

郡马是一个身份的象征，古代时候，人们都讲究出身，一般男子一旦有幸当了郡马，那就是攀了高枝、麻雀变凤凰了。而此类人中最有代表性的就是陈世美同学，此君为了保住地位，杀妻弃子，着实招人怨恨。水浒中有一位大将也是郡马出身，他就是地杰星丑郡马宣赞。

此君原是蔡京手下的武官，因击败了藩王而得以被招为郡马。只因长相一般，被戏称为丑郡马。宣赞善使大刀，武艺出众，是马军小彪将兼远探出哨头领一十六员之三，除了刀法出众外，他还有一项绝技——善使用连珠箭。

当今国际足坛的球星大多腰缠万贯，社会地位也不低，找的老婆女友不是什么大明星就是什么著名模特。但是有一位球星和宣赞一样，找了位郡主，他就是阿森纳的丹麦前锋本特纳。

本特纳，来自丹麦哥本哈根，作为一个孕育了安徒生这样一位童话大师的国度，同样也不乏具有艺术气息的大师级足球明星。大小劳德鲁普曾经让欧洲为之倾倒，1994年欧洲杯夺冠让世人相信安徒生童话是真的可以有的。与这些前辈不同，本特纳是公认的传统型高中锋，193厘米的身高让他成为球队攻坚战时的桥头堡。除了门前抢点这一招之外，在阿森纳崇尚技术性打法的熏陶下，本特纳还肩负起回撤拿球、为同伴做球的职责。

此外，与宣赞的连珠箭相似，本特纳也擅长连续进攻。在今年欧冠阿森纳对阵波尔图的比赛中，本特纳就独中三元，上演了一出射门连珠箭。当然，最和宣赞相同的就是本特纳最近交上了比自己大13岁的新女友。此女来头很吓人，竟是丹麦皇室家族成员。

这位丹麦的皇家成员，刚刚办完离婚官司，据说光分手费就高达400万镑。由于在阿森纳的出色表现，使得本特纳成为丹麦家喻户晓的人物，再配上这位“皇家郡主”，完全可以称得上是童话中的故事。

神算子蒋敬　桑塔纳

人们常说前人种树，后人乘凉，这是种无私奉献的境界。在水浒中有很多英雄出场时，那是威风凛凛，出尽风头，后来却越来越平庸，让施耐庵都懒得多费笔墨。这种人是典型的虎头蛇尾，地会星神算子蒋敬就是当中的典型人物。

话说宋江在浔阳楼借着酒劲写了反诗，被大名府判了死刑，梁山好汉集体劫了法场，当时四位头领就是欧鹏、蒋敬、马麟、陶宗旺，他们都有一身武艺。尤其是蒋敬，此人料事如神，可是而后真的就是虎头蛇尾，完全没有一点可以大书特书的事情。看来机会对一个人来说是至关重要的。

当今世界足坛也有位老先生，也是本事不小，但是缺乏一点儿运气。他就是前南非主帅巴西名帅桑塔纳。本来，作为东道主，南非队可以不用参加残酷的世界杯预选赛，桑帅本来可以悠闲地备战世界杯，但是在最近的9场比赛中，南非队输掉了其中的8场。尤其是在以0∶1的比分输给欧洲中等水平球队挪威队和冰岛队后，南非足协实在是忍无可忍了，拿下了巴西名帅。

作为一代名帅，桑塔纳和蒋敬一样胸怀大志，都有不俗的本事。从世界杯的历史上看，几乎没有一名东道主没有获得小组的出线权。桑塔纳本可以率队建立一番功业，但是一切都随着这次解聘而成了泡影。要说郁闷，谁能比他还郁闷？

九尾龟陶宗旺　伊布拉希莫维奇

出师未捷身先死，长使英雄泪满襟。很多英雄在建功立业之前就已死去，留下无数遗憾。水浒中的地理星九尾龟陶宗旺，在智取润州一役时，为抢占城门，用双臂力抗千斤门闸，但被敌将乘虚用枪刺死，是一百单八将中首位战死的弟兄。

陶宗旺死得很惨，而足坛也有一位早就无缘世界杯的超级巨星，他就是巴塞罗那的瑞典天才前锋伊布拉希莫维奇。

伊布在阿贾克斯声名鹊起，后转会意甲豪门尤文图斯，成为球队的绝对核心，帮助尤文两夺意甲冠军。电话门事件爆发后，伊布义无反顾地离开了斑马军团，加盟国际米兰，在那里他很快又成为了核心，以近乎完美的表现帮助国际米兰实现了意甲联赛的四连冠。很多专家认为，尤文图斯以前总能压过国米，但失去伊布后，国米终于有了翻身的机会。2009年7月，巴塞罗那官方宣布28岁的瑞典前锋伊布拉希莫维奇正式加盟，并与其签下了一份为期五年的合约。

作为身高超过190厘米的高中锋，伊布的头球功力并不十分出众，相反他却有着不可思议的脚下技术。2004年欧洲杯他的一记“蝎子摆尾”攻破意大利球门震惊世界，而无论是在荷兰联赛或者意甲联赛中，他都能连续过人后射门得分。

伊布的国家队生涯相比俱乐部显得黯淡了许多，尤其是世界杯之路，极为坎坷。他试图和陶宗旺一样，以一己之力救球队于水火，但是却最终功亏一篑。南非世界杯几乎没有什么强队落马，葡萄牙、阿根廷等在预选赛磕磕绊绊的球队，都已经涉险过关，超级巨星中也只有伊布无缘世界杯，给所有喜爱他的球迷留下了无尽遗憾。

病大虫薛永　尼尼斯

水浒中得过宋江好处的人真是不少，这也是他能当上梁山头领的一大原因。地幽星病大虫薛永就是其中一位。此君原是靠卖药使枪棒度日。宋江吃官司被发配江州，见薛永枪棒使得好，便赏了他五两银子，两人因此相识。宋江浔阳楼写反诗，被押往法场杀头，薛永等人去劫法场，后随梁山人马上山，被封为步军将校第五名。

病大虫只是一个外号，不是真的有病。当今世界足坛也有一些人总喜欢扮演病残的角色，一进了禁区，别人稍微一碰，立刻倒地，像得了病的虫子一样，也就是俗称的假摔，不少人都深谙此道，其中有位年轻少侠将这项绝技用到了极致。他就是希腊帕纳辛纳科斯队的希腊国脚尼尼斯。

尼尼斯出生于阿尔巴尼亚，14岁那年他被帕纳辛纳科斯球探相中。2007年的1月7日，帕纳辛纳克斯的主帅维克托将尼尼斯升入一线队代表帕纳辛纳科斯出战。结果，尼尼斯的第一次亮相就获得了当场比赛的全场最佳，成为希腊家喻户晓的人物。

此君也有过禁区十八跌的表演。在今年欧冠联赛罗马坐镇主场迎战帕纳辛纳科斯，德罗西放倒尼尼斯被处以极刑，西塞点球为帕纳辛纳科斯扳平比分。罗马队副直言这个点球是比赛的转折点，他认为尼尼斯有假摔骗点球的成分，并称自己的膝盖确实碰到了他，但是当时他已经失去了对球的控制。

当然，禁区摔倒是足球比赛的一部分，本身对此横加指责是不对的。我们对待尼尼斯应该更关注他的出色球技，而不是抓住这一点不放。南非世界杯，雷哈格尔一定会充分使用尼尼斯。在目前的希腊国家队，尼尼斯的创造力和一锤定音的能力是最为突出的，无论是出任前腰还是右边锋都有成为巨星的潜质，而且希腊队防守反击的打法也会给尼尼斯创造出更好的平台。

希腊队创造了2004年欧洲杯的奇迹，本届世界杯能走多远，让我们拭目以待。

青眼虎李云　穆里尼奥

不打不相识。有很多好汉初次相遇时水火不容，但是相处久了，还能成为好朋友。地察星青眼虎李云和李逵就是例子。

李云原是沂水县都头，也是朱富的师傅，有一身好本事，打斗起来有三五十人不能近身。李逵在沂岭杀死四虎，被灌醉后生擒。李云领人押解李逵。朱贵、朱富用酒肉迷倒了李云等兵士，救了李逵。李逵在得救后想要将李云等一干人全部杀死。但李云是朱富的师傅，为人仗义。在朱富的劝说下，李云也不得已上了梁山。

两人初次相遇时有矛盾，后面却可以相处融洽，说明他们都是性情中人。李逵对应的是德罗巴，能让他服气的人只有一个，那就是切尔西前任主帅，现任国米主帅的狂人穆里尼奥。

穆里尼奥曾连续四个赛季赢得国内联赛冠军，在执教波尔图期间还赢得过欧洲联盟杯和欧洲冠军联赛冠军，又连续两年（2004年和2005年）被国际足球历史和数据统计协会评为世界最佳教练，被誉为当代球坛最成功的主帅之一。2010年，穆里尼奥又率领国际米兰时隔45年后再度捧起了欧洲冠军杯，成就了三冠王伟业。如今，穆里尼奥已经确认，他将执教皇家马德里。希望在伯纳乌能够继续他的神奇。

执教蓝军切尔西和国米的表现，让他成为最有个性的主帅，拥有近乎完美的指挥艺术。他就是一个神话，此君从小的志向便是成为世界上那个“唯一”

的“最伟大的教练”。

他在执教切尔西时，和德罗巴闹过矛盾，但是后来用高尚的人格感动了非洲魔兽，到现在为止，他都是魔兽最信任、最尊敬的主帅。

穆里尼奥是一个勇气过人的人，一个强力的人，他的性格造就了他的传奇，一次又一次地做到了只有他一个人能做到的事情。但穆帅应该好好学习李云，他虽然武功不错，也是桃李满天下，但是更会做人，这恐怕就是我们中国人强调的中庸之道了。人在高潮时享受成功，在低潮时享受生活，心态平和点，不是挺好么？

水浒中有位非常不起眼的好汉，他就是地耗星白日鼠白胜。说不起眼，是基本没干什么，除了友情客串了一回黄泥冈上的一出好戏，虽然还算演得成功，但是除此之外，再没有任何功劳，而且后来因为露富被官差抓住，拿到济州大牢里，经不起严刑拷打，供出了晁盖等人，可以说是水浒众好汉中评价最低的几个人之一。

当然，要说这个角色完全可有可无，也不尽然。白胜是当年截生辰纲的最重要的一个环节，没有他就没有以后的一切。从这一点来说，白胜和世界杯众球星的太太团很相似，看似和足球是风马牛不相及，但实际上却有可能左右球员的发挥，成为一支球队的X因素。

花心大萝卜科尔偷腥事件，让他身败名裂不说，还有可能净身出户，这能不影响他的备战吗？还有小贝的妻子维多利亚，本来会是世界杯太太团的领军人物，但是小贝因伤缺阵让她的观球之旅可能会低调点，但是一直处于媒体聚焦下的辣妹，会甘心被其他太太抢了风头？到时候闹出点事，肯定影响英格兰的成绩。再有特里的太太托妮，能放心得下特里吗……

这些看起来都是小事，但是一闹起来都够要命的。而且，不少太太团成员都和白胜兄弟一样，爱显富。老公那么能挣钱，留着干什么？花！这些花枝招展、腰缠万贯的太太们，能不招来非议吗？而一旦出事，媒体等各方面一关注，压力还是到了球星丈夫身上，这势必会给球队的备战和比赛带来影响，这叫祸起萧墙，防不胜防。

其实，太太团一直也是世界杯上一道特殊的风景，球星也是人，也有七情六欲，也有和家人团聚的权利，这都是人之常情，但是就一个原则，不能过度，低调行事就行。当然，也有类似卡佩罗这样的，让太太团和丈夫保持距离，而这一举措也得到了包括杰拉德在内的核心球员的支持。

总之一句话，希望在世界杯期间，太太团能多给丈夫些鼓励，剩下的就是作为一名球迷低调地看球，毕竟，这个舞台是属于那些在场上拼搏的人，他们才是主角。

鼓上蚤时迁 朴智星

人们对于盗贼都是深恶痛绝的。水浒众好汉虽然过的是劫富济贫的草莽生活，但是却被称为绿林好汉，地位很高。地贼星鼓上蚤时迁善于偷窃，虽然他很少能上战场攻城拔寨，但是为梁山做的贡献却是不容忽视的。

时迁练就一身好功夫，能攀高走壁、盗墓做贼。《水浒传》中时迁盗雁翎圈金甲，踩点——望风——埋藏——潜伏——换位——吹灯——盗甲——口技——出门——交货，整套动作炉火纯青，无懈可击！攻打蓟州，此君作为信号兵兼职放火，那火放得是火光冲天，很有技术含量。在攻打昱岭关时，在众多好汉纷纷倒下的时候，又是他一跃上了关头，先放火，后放炮，扰乱敌情。从这些描写可看出此人的机敏和矫健身手。

时迁能有这般成就除了了得的轻功之外，勤勉也是一大法宝。当今世界足坛，能称得上最勤勉的，非曼联的韩国中场朴智星莫属。

朴智星绰号“氧气罐”和“三肺朴”，形容他用之不竭的精力。也正是这种活力帮助他取得了今天的成就，成为亚洲第一球星。朴智星盘带的最大特点就是简洁干脆，很少有不必要的花活，急停急转是他摆脱防守的杀手锏。他的阻截意识超强，不管是出任左右边前卫，或者中前卫，都能在两个禁区里找到他的身影。欧冠对阵AC米兰队时，朴智星作为前腰出战，将对方的巨星皮尔洛逼得完全无暇组织进攻，只能看着球队大败。

朴智星与时迁还有一点非常像。朴智星作为亚洲球员承受了很多不公平的对待。很多欧洲媒体都讽刺亚洲球员更多的是为开拓市场，而不是靠实力才有机会登陆欧洲。但朴智星用自己的出色表现堵住了所有人的嘴，无论是在荷兰的埃因霍温，还是而后转会曼联，都证明了自己的实力。而且，朴智星还是个大场面球员，越是对阵豪门，越有出色的发挥，本赛无论欧冠对阵AC米兰，还是英超对阵豪门阿森纳，都有精彩的进球。这与时迁每遇大事必能出彩有异曲同工之妙。

朴智星是我本书的最后一位人物，他代表亚洲，承载了全亚洲人们的希望，希望他能取得成功，那样会有更多的人关注这个拥有最多人口的大陆。

图书在版编目（CIP）数据

不就是个球吗 / 汤蓬著. —北京 ：中国友谊出版公司，
2010.6
ISBN 978-7-5057-2749-6

Ⅰ.①不… Ⅱ.①汤… Ⅲ. ①足球运动-优秀运动员
-生平事迹-世界-通俗读物 Ⅳ. ①K815.47-49

中国版本图书馆CIP数据核字（2010）第095456号

书名 不就是个球吗
作者 汤 蓬
出版 中国友谊出版公司
发行 中国友谊出版公司
经销 新华书店
印刷 北京博图彩色印刷有限公司
规格 710×1000毫米 1/16
17.5印张 260千字
版次 2010年6月第1版
印次 2010年6月第1次印刷
书号 ISBN 978-7-5057-2749-6
定价 29.80元
地址 北京市朝阳区西坝河南里17-1号楼
邮编 100028
电话 （010）64668676